직업 멘토 ①

어린이 지식 e

문화와 예술

어린이 지식 e

직업 멘토 ⭐문화와 예술

초판 1쇄 인쇄   2015년 9월 14일
초판 1쇄 발행   2015년 9월 25일

발행처 이비에스미디어(주)
발행인 김재근
기획 EBS ⬤⬤MEDIA 장명선 ▐▌DKJS 성준명
글 박근영   **그림** 전미화   **편집** 아우라   **디자인** 한희정

판매처 ㈜DKJS
등록 2009년 11월 18일 (제2009-000323호)
주소 서울특별시 강남구 강남대로 84길 23, 1408-2호
전화 (02)552-3243   **팩스** (02)6000-9376
이메일 plus@dkjs.com

ISBN   979-11-5859-035-2 (64300)
ISBN   979-11-5859-036-9 (세트)

꿈을 이룬 멘토가 들려주는 직업이야기

직업 멘토 ★1

어린이 지식 e

문화와 예술

글 박근영 그림 전미화

지식플러스

상상력과 도전 정신으로 빛나는 직업 멘토와 함께
나의 꿈, 나의 직업을 찾아보아요

"이다음에 크면 뭐가 되고 싶어?"

"너는 장래 희망이 뭐야?"

"가장 하고 싶은 일은 뭐니?"

누구나 한번쯤 이런 질문을 받아 본 적이 있을 거예요. 이럴 때 뭐라고 대답하나요? 의사, 변호사, 과학자, 개그맨, 패션모델, 만화가, 경찰관……. 앞으로 내가 무엇이 되고 싶은지 자신의 장래 희망을 확실하게 정한 사람도 있겠지만 아직은 내가 무엇을 좋아하는지, 어떤 일을 하고 싶은지 잘 모르는 사람도 많을 거예요. 사실 나의 꿈, 나의 직업을 찾는 것은 질문하긴 쉽지만 그리 간단치 않은 문제이지요. 하지만 아주 중요한 일이에요. 나의 꿈이 정해지면, 그 꿈을 목표로 하루하루의 삶이 달라지니까요.

그럼 어떻게 답을 찾아 나가면 좋을까요?

무엇보다 다양한 직업의 세계에 대해 정확하고 풍부하게 알아야 해요. 세상에는 수많은 직업이 있지만, 실제로 우리가 알고 있는 직업은 생각보다 많지 않거든요. 또 이미 알고 있는 직업도 구체적으로 무슨 일을 어떻게 하는지 잘 모르는 경우가 많답니다.

《어린이 지식◉ 직업 멘토》는 다양하고 생생한 직업의 세계로 안내하는 '직업 내비게이터'가 되어 줄 거예요. 각 분야에서 최선을 다하고 열정을 쏟아 자신의 꿈을 이룬 직업인들이 친절한 멘토가 되어 우리가 잘 모르는 직업 이야기를 들려주기 때문이지요. 직업 멘토들은 그 일을 어떻게 시작하게 되었는지, 무엇을 준비해야 꿈을 이루고 성공할 수 있는지, 그 일을 할 때 어렵고 힘든 점은 무엇인지, 또 어떤 기쁨과 보람을 느끼며 일하는지 등 우리가 몰랐던 흥미진진한 직업의 세계에 빠져들게 해 줄 거예요.

또한 《어린이 지식◉ 직업 멘토》에서는 빠르게 변화하는 사회의 흐름에 발맞추어 새롭게 주목받을 미래의 유망 직업에 대해서도 알려 주어요. 패션 예측가, 공정 여행가, 다문화 코디네이터, 날씨 경영 컨설턴트 등 지금은 낯설지만 앞으로 도전하면 좋은 직업에는 무엇이 있는지, 또 그 직업을 가지려면 어떻게 해야 하는지를 소개하고 있답니다.

내가 원하는 직업에 대해 좀더 자세히 알고 싶을 때, 그리고 관련 직업에 대해 궁금증이 생길 때에는 〈지식◉ 궁금해〉 코너를 살펴보세요. 내가 꿈꾸는 직업인이 되려면 구체적으로 무엇을 어떻게 준비해야 하는지, 또 내가 원하는 분야와 연관된 직업에는 무엇이 있는지를 알기 쉽게 핵심만 쏙쏙 모아 놓았으니까요.

《어린이 지식◉ 직업 멘토》 '문화와 예술' 편에서는 영화감독, 화가, 패션 디자이너, 무용가 등 빛나는 상상력과 과감한 도전 정신으로 우리의 삶을 더욱 풍요롭고 의미 있게 만드는 직업을 보여 줍니다. 스티븐 스필버그, 빈센트 반 고흐, 코코 샤넬, 피나 바우쉬 등 우리가 좋아하고 닮고 싶어 하는 멘토들의 이야기를 따라가다 보면 어느새 나의 꿈에 한 발짝 더 가까이 다가가 있을 거예요. 지금까지 전혀 관심이 없던 직업에 새로운 흥미를 느낄 수도 있고요. 자, 나의 꿈 나의 직업을 찾아 신나는 여행을 떠나 볼까요?

차례

머리말 │ 상상력과 도전 정신으로 빛나는 직업 멘토와 함께
      │ 나의 꿈, 나의 직업을 찾아보아요

* 직업에 관한 이해를 돕기 위해 가상 인물로 소개했어요.

1부

상상력 넘치는
이야기의 세계

01 어린이의 마음을 가진 이야기꾼

👤 동화 작가 루이스 캐럴

★ 다르게 생각하고, 다르게 표현한다

동화 작가는 아름다운 글로 세상을 풍요롭게 만든다.
전 세계 어린이들이 모두 좋아하는 동화로 손꼽는
《이상한 나라의 앨리스》.
나도 이렇게 멋진 글을 쓸 수 있을까?

1862년 여름, 영국 템스 강가에
뱃놀이를 즐기는 세 명의 아이와
한 신사가 있었다.

"주인공 소녀의 이름이
저와 똑같은 앨리스란 말이에요?"

꼬마 숙녀들은
점점 이야기에 빠져들었다.
이야기 속에선
현실에서 일어날 수 없는
놀라운 장면이 펼쳐졌다.

회중시계: 주머니에 넣고 다닐
수 있도록 작게 만든 시계.

풀숲에서 회중시계를 단 토끼가
뛰어나와 말을 걸고
어디선가 가발을 쓴 두꺼비가 나타나
수다를 떨었다.

 친구에게 들려주고 싶은 특별한 이야기가 있나요?

이날, 세 꼬마 숙녀를
마법의 세계로 이끈 사람은
《이상한 나라의 앨리스》를 쓴
영국의 동화 작가 루이스 캐럴.

그는 대체 어떤 마술을 펼친 것일까?

우리는 흔히
작가를 '언어의 마술사'라고 부른다.

공터에 버려진 축구공
친구의 노란 장화
담벼락 아래 피어난 제비꽃.

사소한 사물 하나하나가
동화 작가에게는
재미있는 이야깃거리가 된다.

어느 날 갑자기
지우개가 나에게 말을 걸어온다면?

밤마다
양배추 인형이
춤을 춘다면?

내 방이
동화 속 무대가 된다면?

동화 작가는 이런 상상을 하면서
원고를 만들어 내기 시작한다.

루이스 캐럴은
상상력이 돋보이는 작가다.

"노력만 하면
어떤 일에서든 배울 점을 찾을 수 있다."

그는
아무리 하찮은 것에도
배울 점이 있다고 생각했다.

작가의 이런 성격은
사물에 대한 탐구 정신으로 이어졌다.
평범한 동물도 흥미로운 대상이 되었다.

토끼의 앞니
토끼의 길쭉한 귀
토끼가 좋아하는 당근…….

대학에서 수학을 전공하고
성직자 자격증도 있었지만
말더듬이인 데다
내성적인 성격 탓으로
남들 앞에 나서기 싫어했던 루이스 캐럴.

그는
매일 밤 일기를 쓰고
그때그때 느낀 점을 꼼꼼히 기록했다.

이런 습관이 그를
세계적인 동화 작가로 만든
바탕이 되었다.

작가는
사소한 일이라도
놓치지 않고 메모한다.

소재: 예술 작품을 만드는 데
바탕이 되는 재료.

이야기의 소재는 먼 곳에 있지 않고
바로 우리의 일상 속에 있다.

작가는
상상의 세계를 통해서도
글감을 얻는다.

나무도 되어 보고
우산도 되어 보고
날아가는 새도 되어 본다.

16

동화 작가 루이스 캐럴은 말한다.

"넌 너만의 지도를 만들어야 해."

남들이 그린 지도가 아니라
자신이 그린 꿈의 지도.

위대한 작가들은
가슴속에 자신만의 지도를 가지고
상상과 현실의 세계를 여행한 사람들이다.

루이스 캐럴과 10만 통의 편지

동화 작가 루이스 캐럴의 본명은 찰스 루트위지 도지슨이에요. 어린 시절부터 말장난, 체스 게임 등에 관심이 많았어요. 수학자이기도 한 그는 대학에서 학생들을 가르쳤는데, 열일곱 살 때 큰 병을 앓은 이후 말을 더듬게 되어 어려움이 많았답니다. 그런 이유 때문이었을까요? 캐럴은 편지로 대화하는 걸 좋아했어요. 재미난 이야기와 기발한 생각들을 꼼꼼히 기록해 두었다가 어린이 친구들에게 편지로 들려주었어요. 그 편지가 무려 10만 통이나 된다니, 놀라운 일이지요!

동화 작가가 되고 싶다고요?

우리를 신비로운 환상과 스릴 넘치는 모험의 세계로 데려가고, 자연과 동물, 그리고 가족의 소중함도 깨닫게 하는 동화. 이런 글을 쓰는 동화 작가는 어떻게 될 수 있을까요?

우선 책을 많이 읽고, 재미있는 생각을 머릿속에 자주 떠올려 보고, 친구들의 이야기에 귀를 기울이고, 지나가는 길고양이에게도 말을 걸어 보세요. 이 모든 것이 글을 쓰는 밑바탕이 되어 준답니다.

동화 작가가 되는 첫 번째 방법은 신춘문예에 당선되는 거예요. 우리나라 신문사에서는 매년 신춘문예라는 대회를 통해 신인 작가를 발굴해요. 열심히 쓴 동화를 신문사에 보내면 전문 심사 위원들이 꼼꼼히 읽어 보고 당선작을 결정하지요. 두 번째 방법은 자신이 쓴 동화를 출판사에 보내 책을 출간하는 거예요. 물론 아무나 책을 낼 수 있는 건 아니지요. 출판사에서 일정한 심사를 통해 책을 내기로 결정해야만 가능한 일이랍니다.

글쓰기와 관련된 직업이 궁금하다고요?

* 소설가

누군가에게 꼭 들려주고 싶은 이야기를 소설로 써요. 소설은 현실에서 진짜로 벌어진 일이 아니라 상상으로 꾸며 낸 재미난 이야기를 말하지요. 신문사나 출판사에서 여는 대회에 당선되면 소설가가 될 수 있어요. 평소에 책을 많이 읽고 글 쓰기 연습을 꾸준히 하면 큰 도움이 된답니다. 특별한 자격 제한이 없어 누구나 소설가가 될 수 있지만, 대학에서 문예창작이나 문학을 전공하는 경우가 많아요.

* 그림책 작가

글과 그림으로 이야기를 전달해요. 글을 쓸 때는 그림을 고려하면서도 주제에 맞게 스토리를 구성하는 스토리텔링 능력이 무엇보다 중요해요. 나만이 할 수 있는 독창적인 이야기를 찾기 위한 노력도 게을리하지 않아야 한답니다.

영화 현장의 최고 지휘자

👤 영화감독 스티븐 스필버그

★ 상대를 설득하는 힘을 기른다

〈E.T.〉, 〈인디아나 존스〉, 〈쥐라기 공원〉, 〈쉰들러 리스트〉, 〈라이언 일병 구하기〉 등 수많은 영화를 통해 세계적인 영화감독으로 우뚝 선 스티븐 스필버그.
어린 시절 친구들에게 유대인이라고 따돌림 당하던 그는 어떻게 영화감독의 꿈을 이루었을까?

운동장에서 아이들이
축구 시합을 벌일 때
벤치에 우두커니 앉아 있는
한 소년이 있었다.

글자를 잘 읽지 못하는
난독증 때문에
학교 성적은 형편없고
몸집마저 왜소해
친구들 사이에서
인기가 없던 스필버그.

 어떤 영화를 누구를 주인공으로 찍고 싶나요?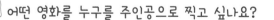

훗날 이 자그마한 소년이
세계적인 영화감독이 되리라는 걸
그 누구도 알지 못했다.

어느 날 스필버그는
자신에게서 한 가지 소질을
발견하게 된다.

"이거 정말 재미있는걸.
잘하면 이 카메라로
영화를 만들 수 있을 것 같아."

유난히
호기심이 많던
스필버그는 아버지의
8mm 비디오카메라를
만지작거리다가
영화를 만들고 싶다는
생각을 했다.

하지만
영화는 혼자 하는 작업이 아니기에
함께 할 누군가가 필요했다.

제작자와 배우,
소품 · 의상 · 분장 · 미술 등을
담당하는 연출부,
특수 효과 · 음악 · 조명 · 촬영 · 스턴트 감독,
편집 및 녹음 기사.

이렇듯 다양한 사람이 모여
한 편의 영화를 완성한다.

스태프: 연기자를 제외한
연극이나 영화, 방송을
만드는 모든 사람.

영화감독은
이 모든 스태프를 움직이는
최고의 지휘자.

따라서 누구보다
영화 전체의 흐름을 세심히 파악하고
힘든 순간에도 촬영 현장을 이끌어 가는
리더십이 필요하다.

리더십: 무리를 다스리거나
이끌어 가는 능력.

그렇다면 친구들에게 따돌림을 당하던
외톨이 스필버그는
어떻게 영화를 만들 수 있었을까?

혼자 있는 시간이 많았던 스필버그는
자주 상상의 세계에 빠져
재미있는 이야기를 만들어 냈다.

그 이야기 속에 친구들을 그려 넣고
어울리는 배역을 정해 보곤 했다.
그러다 한 가지 아이디어가 떠올랐다.

'앤드류! 앤드류가 주인공이 되는 거야.'

학교에서 자기를 가장 많이 괴롭히던
앤드류를 주인공으로
영화를 찍겠다고 결심한 스필버그.

그러자면 무엇보다 상대를
설득하는 힘이 필요했다.

'왜 앤드류가 주인공이 되어야 하지?'

먼저 스스로에게 질문을 던져 보았다.

전쟁 영화에서 장교 역할을 맡기에는
덩치가 좋고 싸움을 잘하는
앤드류가 적당했다.

"앤드류, 내 영화의 주인공이 되어 줄래?"
"이 원숭이가 뭐라는 거야? 저리 비켜!"

말을 걸 때마다 돌아오는 것은
조롱과 무시.
그러나 쉽게 포기하지 않았다.

욕을 먹으면서도 끈질기게 설득한 끝에
앤드류에게 배역을 맡길 수 있었던 스필버그.
하지만 촬영 도중 곧잘 시비가 붙었다.

"폭탄이라고? 그러다가 다치면 어떡해?
그만할래! 너 따위가 무슨 감독이야!"

갈등이 생길 때마다
화를 내기보다
상대를 이해시킬 수 있는
논리와 근거를 찾아 나간 스필버그.

근거: 어떤 일이나 의견에 근본이 되는 것.

"이 장면에서는 폭탄이 터져야만 해.
밀가루를 이용해 폭탄이 터진 것처럼
해 보면 어떨까?"

이런 과정을 통해
스필버그는 자연스럽게
소심한 소년에서
리더십을 가진 미래의 영화감독으로
성장해 갈 수 있었다.

"나는 열두 살 때 영화감독이 되기로 마음먹었다.
단순히 소망한 게 아니다.
나는 내 꿈을 분명하게 그렸다."

누구나 꿈을 꾼다.
그러나 모든 사람이 그 꿈을 이루는 건 아니다.
확실한 목표를 가지고
앞으로 앞으로 항해해 나갈 때
꿈은 좀더 가까이 다가온다.

제71회 아카데미 시상식.
스필버그의 이름이 호명되자
우레와 같은 박수가 터져 나왔다.
영화 〈라이언 일병 구하기〉로
감독상을 수상한 스필버그.

이때 그의 나이 쉰셋.
열두 살 때부터 꾸었던 꿈이 이루어진
특별한 순간이었다.

아카데미 시상식: 할리우드 스타들이 한자리에 모이는 미국 최대의 영화 시상식.

우레: 번개가 친 다음에 하늘에 크게 울리는 소리.

영화는 어떻게 만들어질까요?

영화는 크게 세 단계를 거쳐 완성돼요.

＊ 1단계 : 사전 준비

영화를 만들려면 사전에 많은 준비가 필요하답니다. 어떤 영화를 만들지 결정되면 가장 먼저 시나리오를 완성해야 해요. 시나리오는 영화의 장면이나 배우의 행동, 대사 등을 자세히 기록한 글이지요. 시나리오가 완성되면 그다음에는 영화를 만드는 데 필요한 비용을 확보하고, 감독을 정하고, 배우를 캐스팅해야 해요. 영화에 따라 차이가 있지만, 사전 준비를 하는 데 꽤 오랜 시간이 걸리는 경우도 많아요.

＊ 2단계 : 제작

사전 준비가 모두 끝나면 본격적으로 영화 제작에 들어가요. 수많은 스태프들 사이에서 배우가 연기를 하고 카메라 뒤에 앉은 감독이 '컷!'을 외치고. 이런 장면을 본 적이 있지 않나요? 바로 촬영 현장의 모습이에요. 제작 단계에서는 이렇게 영화 촬영이 진행된답니다.

＊ 3단계 : 후반 작업

촬영이 끝나면 다양한 방법으로 영화를 편집해요. 컴퓨터 그래픽(CG)을 이용해서 장면을 만들기도 하고, 배우의 대사를 녹음하거나 영화에 필요한 음악을 만들기도 하지요. 이런 작업을 모두 거쳐야 비로소 한 편의 영화가 완성된답니다.

영화와 관련된 직업이 궁금하다고요?

✳ 영화 프로듀서

제작비를 마련하고 감독과 스태프를 선정하는 등 영화 제작 전반에 책임을 져요. 과거에는 대부분 영화사에 소속되었지만, 요즘은 독립적으로 일하는 경우가 많아요. 프로듀서에게는 기획, 촬영, 편집, 마케팅 등 영화 제작 전반에 관한 현장 경험을 다양하게 쌓는 것이 무엇보다 중요해요. 대학에서 영화나 경영학, 경제학 등을 전공하면 도움이 된답니다.

✳ 스크립터

영화가 시나리오대로 촬영되고 있는지 확인하고, 그 내용을 기록하는 일을 해요. 일반적으로 영화는 시나리오 순서대로 촬영하지 않거든요. 현장에서 갑자기 대사가 바뀔 수도 있고, 한 장면을 여러 번 찍을 때도 있지요. 스크립터는 최대한 자세히 그 내용을 기록해요. 그래야 감독이 원하는 대로 영화를 만들 수 있어요.

✳ 예고편 제작자

영화 예고편을 전문적으로 만들어요. 영화의 콘셉트와 특징을 고려해 관객들의 흥미와 관심을 끌 수 있는 영상을 제작해요. 잘 만든 예고편은 영화의 흥행에 도움을 주고, 그 자체가 하나의 작품이 되기도 한답니다.

03 개성 넘치는 캐릭터의 아버지

🚹 만화가 데즈카 오사무

★ 모든 사물에서 독특한 특징을 찾아낸다

의과 대학에 입학했지만 만화가의 길을 선택한 데즈카 오사무.
'일본 만화의 신'으로 불리는 그는 43년간이나 만화를 그렸다.
재미있는 만화, 희망을 주는 만화를 그리기 위해
밤낮없이 작업에 몰두했던 데즈카 오사무.
만화가가 되려면 어떤 노력을 기울여야 할까?

훌륭한 의사가 될까?

재미있는 만화가가 될까?

두 가지 갈림길에서

갈등하던 한 남자.

이때 그는

어머니가 해 준 말을 떠올렸다.

"애야, 네가 정말 좋아하는 일을 하렴."

 좋아하는 만화 캐릭터는 무엇인가요? 그 이유는요?

자신이 좋아하는 일로
일본의 전설적인 만화가가 된
데즈카 오사무.

오사카 대학교 의과 대학에 합격해
사회적으로 촉망받는
의학도가 되었지만,
그는 결국
만화가의 길을 선택했다.

그의 대표작
《우주 소년 아톰》은
애니메이션으로 제작되어
텔레비전에서 방영되었고
선풍적인 인기를 끌며
놀라운 시청률을 기록했다.

이렇듯 많은 사람을 사로잡는
만화의 매력은 무엇일까?

사람들은 만화를 통해
현실에서 일어나기 어려운
상상의 세계를 경험하고 싶어 한다.

신기하게도
그 판타지 속에는
우리의 일상이 녹아 있다.

현실에는 없지만
내가 모르는
어떤 세계에서
벌어질 것 같은 사건.
만화의 세계가
흥미진진한 것은
이런 의외성 때문이다.

만화가는
남들이 미처 생각하지 못한
아이디어를 끄집어내
이야기를 만든다.

따라서
평소 세심한 관찰을 통한
창의력 훈련이 필요하다.

모두가
'타이어는 까맣다'고 할 때
만화가는
하얀색 타이어를
그릴 수 있어야 하고,
'하늘은 파란색'이라는
고정 관념에서 벗어나
새로운 색깔을 입힐 수 있어야 한다.

이렇듯 만화가가 되려면

무엇보다

유연하고 입체적인 사고를 해야 한다.

데즈카 오사무가

만화가로 성공할 수 있었던 것은

거꾸로 보고

거꾸로 생각하는

창의적인 사고를

멈추지 않았기 때문이다.

입체적: 어떤 사물이나 상황을 하나의 관점이 아닌 여러 가지 관점과 입장에서 이해하는 것.

"선생님, 거기서 뭐 하세요?"

자판기 앞에
엉거주춤 앉아
음료가 나오는 입구를
뚫어지게 바라보던 데즈카 오사무.

"자판기의 속은
어떻게 생겼을까 궁금해서
보고 있었지."

그는 하나의 사물을 보더라도
본질을 알아내기 위해 애썼다.

본질: 사물을 그 자체이게끔
하는 고유의 성질

앞뒤, 좌우, 위아래의
모습을 꿰뚫고 있을 때
좀더 기발한 그림이 나온다는 것을
잘 알고 있었기 때문.

보이는 면만이 아니라
보이지 않는 면까지
살펴봐야 하는 만화가.

들리는 것만이 아니라
들리지 않는 것에도
귀 기울여야 하는 만화가.

그래서 만화가는
꼼꼼하고
생각이 깊어야 한다.

그림 그리기를 좋아하고
남의 이야기를 잘 들어 주며
늘 책을 읽는 습관이 있다면
좋은 만화가가 될 수 있다.

만화가가 되고 싶지만
만화가가 되기는 너무 어렵다고
말하는 사람들에게
데즈카 오사무는 전한다.

"제가 할 수 있으니
당신도 할 수 있습니다!"

정말 만화가가 되고 싶다면
어렵다는 말 대신 지금 당장
지나가는 개미라도 관찰하라!

그리고 그 개미를
새롭게, 남다른 스타일로
그려 보라.
나만의 캐릭터 탄생!

만화가가 궁금하다고요?

＊ 그림을 못 그려도 괜찮나요?

만화는 글과 그림으로 이루어져요. 그렇다고 반드시 그림을 잘 그려야 하는 건 아니에요. 둘 모두에 재능이 있으면 가장 좋지만 그림을 못 그린다고 해서 포기하긴 일러요. 만화의 스토리(이야기)만을 구성하는 스토리 작가라는 직업도 있거든요. 이 또한 만화가예요. 분명한 건 그림을 많이 그려 볼 필요가 있다는 거예요. 꾸준히 연습하면 실력은 늘게 마련이니까요.

＊ 만화가에게 필요한 자질은 무엇인가요?

만화를 꼭 그리고 싶다는 열망이 가장 중요해요. 만화가는 고된 직업이거든요. 그런 열망이 없으면 쉽게 포기할지도 몰라요. 독자에게 자신의 이야기를 전달하려면 당연히 아는 것도 많아야 하고 이해력도 높아야 하지요. 그러려면 공부도 열심히 하고 모험도 해 봐야 해요. 폭넓은 지식과 다양한 경험이 만화가에게는 제일 큰 자산이 된답니다.

* 만화에는 어떤 종류가 있나요?

만화의 내용과 특성을 고려하면 순정 만화, 무협 만화, 시사 만화, 학습 만화, 성인 만화, 인터넷 만화(웹툰) 등으로 분류할 수 있어요.

만화와 관련된 직업이 궁금하다고요?

* 스토리 작가

만화의 스토리를 창작해요. 만화의 스토리와 그림을 분리하여 작업하는 경우 스토리 작가는 스토리를, 그림 작가는 그림을 담당하지요. 대학의 만화 관련 학과나 스토리텔링 전문 교육 기관에서 공부하는 경우가 많아요. 스토리가 애니메이션이나 게임, 영화로 만들어지는 경우 상당한 수입을 얻을 수 있답니다.

* 만화 기자

만화를 기획 및 편집하고, 잡지 기사를 작성해요. 만화가가 마감 기한을 지키도록 독려하는 것도 빼놓을 수 없는 중요 업무랍니다. 만화 기자가 되려면 만화 잡지사 기자직에 응시하면 되는데, 채용 시기와 뽑는 인원은 일정하지 않아요.

* 애니메이터

애니메이션의 그림을 그려요. 그림에 색을 칠하고 촬영을 한 후 특수 효과까지 만들어 내야 하기 때문에 카메라와 컴퓨터에 대한 지식이 풍부해야 해요. 또 다양한 각도에서 바라본 모습을 그릴 수 있어야 하므로 수준 높은 그림 실력이 필요해요.

2부

아름다움을 창조하고
기록하는 세계

04 세상을 디자인하는 공간 설계자

🚶 건축가 루이스 칸

★ 공간과 사람의 조화를 생각한다

건축가들이 뽑은 최고의 건축가 루이스 칸.

사람들은 왜 그를 위대한 건축가라고 말할까?

좋은 건축가가 되려면 어떤 철학을 가져야 하는 걸까?

"건물을 짓는다는 것은
인생을 만들어 내는 일이라네."

크고, 높고, 화려한 건물에
열광하던 시대.

남들에게
자랑하기 위한
건축물이 아니라
그 안에
인생이 담기기를 원한
건축가가 있었다.

 건축물을 지을 때 가장 중요한 것은 무엇일까요?

어느 날 그에게 걸려온
한 통의 전화.

"방글라데시 국회 의사당을
지어 달란 말인가요?"

루이스 칸은
다른 건축가들이
돈이 안 되는 프로젝트라고
고개를 저을 때
선뜻 그 제안을 수락한다.

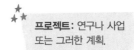

프로젝트: 연구나 사업
또는 그러한 계획.

그리고
무려 20년에 걸친 제작 기간.

하지만
그는
결코
포기하지 않았다.

아이들이 물놀이를 즐기고
여자들이 모여 빨래를 하는
국회 의사당을 본 적이 있는가?
가난한 사람들이 모여 함께 웃고,
토론하며 소통하는 자유로운 공간.

루이스 칸은 그 꿈을 이뤄 냈다.

방글라데시 사람들은 말한다.
이런 건축물을 만든
루이스 칸은 위대하다고.

세모는 왜 세모일까?

이 조약돌은 어디에 쓰이고 싶어 하는 걸까?

이 빛은 어떻게 활용해야 할까?

그는 언제나 사물들에게 질문을 던졌다.

"너희는 무엇이 되고 싶니?"

사물이 원하는 자리에
그 사물을 배치시키는 것이
건축가의 역할이다.

모든 사물에는
그 나름의 쓸모와 특징이 있다.

그렇기에 건축가는
사물의 고유한 본질을
누구보다 잘 이해해야 한다.

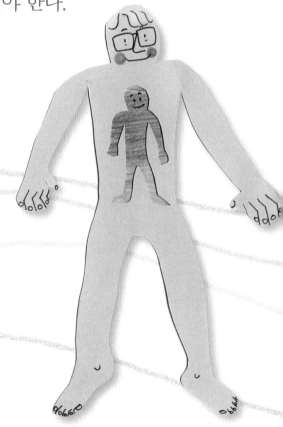

루이스 칸은
사회를 이루는
가장 중요한 것은
'사람'이라고 생각했다.

그래서
사람을 소외시키지 않는
건축물을 만들고자 했다.

소외: 따돌리거나 멀리함.

정문 없이
건물의 모든 면이 입구가 되도록 한
필립 엑서터 아카데미 도서관.

위에서부터
빛이 쏟아져 들어와
빛과 미술품과 사람이 하나가 되는
킴벨 미술관.

밤늦게까지 홀로
연구실에 남아 있어도
혼자가 아닌 듯한 느낌을 주는
펜실베이니아 대학 리처드 연구동.

이 건물들의 공통점은 무엇일까?

바로

겉모양을 꾸미기보다

사람을 먼저 배려한 공간이라는 점!

사람들의 삶을

좀더 풍요롭게 만들고 싶어 했던

루이스 칸.

그는 하늘나라로 떠났지만

그가 남긴 건축물은

여전히 많은 사람들에게

꿈과 위로가 되어 주고 있다.

방글라데시 국회 의사당

'침묵과 빛의 건축가' 루이스 칸
의 최고의 작품으로 꼽히는 건축
물이에요. 1963년 디자인을 시작
해 1983년에 완공되었지요. 콘크

리트와 대리석이 훌륭한 조화를 이루는 이 건축물은 동그랗거나 세모, 네
모 모양의 틈이 생기게 설계되어 있어 창이 따로 없어도 빛이 들어온답
니다. 호수에 둘러싸여 있는 풍경이 특히 인상적이에요.

세계적인 건축의 거장

* 안토니오 가우디

스페인의 천재 건축가로, 바르셀로나를 중심으로 독창적인 건축물을 많
이 남겼어요. 직선을 배제하고 곡선을 강조한 걸로 유명하지요. 주요 작
품으로는 카사 밀라, 구엘 공원, 사그라다 파밀리아 등이 있어요.

* 르 코르뷔지에

스위스의 건축가이자 화가, 디자이너예요. 미스 반데어로에, 프랭크 로이
드 라이트와 함께 근대 건축의 3대 거장으로 불려요. '집은 인간이 살기
위한 기계'라는 신념으로 사람이 편안히 지낼 수 있는 집을 지었지요. 주
요 작품으로는 가르슈 주택, 스위스 학생관, 롱상 성당 등이 있어요.

* 안도 다다오

일본의 건축가이며 물과 빛, 노출 콘크리트의 건축가로 불려요. 글라스 하우스, 지니어스 로사이, 본태 박물관 등 우리나라 제주에서도 안도 다다오의 작품을 만나 볼 수 있어요. 주요 작품으로는 빛의 교회, 스미요시 주택, 나오시마 현대 미술관 등이 있어요.

건축가가 되고 싶다고요?

건축가는 건축에 대한 전문 지식을 바탕으로 건축물을 설계하고 공사를 관리·감독하는 일을 해요. 대부분의 경우 대학에서 건축학이나 건축공학을 공부한 후 건축 회사 등에서 경력을 쌓지요. 산업기사, 건축기사 등 건축에 필요한 자격증을 따 두면 취업에 유리하답니다.

건축과 관련된 직업이 궁금하다고요?

* 인테리어 디자이너

집이나 사무실, 상점, 병원 등 건물의 실내 공간을 디자인해요. 실무 능력이 중요하기 때문에 현장에서 인테리어 경험을 많이 쌓아야 한답니다. 건축 관련 업체, 각종 디자인 업체, 방송국이나 공연장 세트 설계 업체 등 다양한 분야에서 일할 수 있어요.

* 조경 설계사

건축물과 그 주변의 조경을 설계해요. 조경이란 식물이나 토목, 조형물 등을 활용해 생활 공간을 아름답고 유용하게 꾸미는 일을 말해요. 조경 설계사는 조경에 필요한 새로운 소재나 기술을 연구하고 개발하는 일도 한답니다.

05 음악의 바다를 항해하는 선장

지휘자 오자와 세이지

★ 음악에 관해 주관을 갖는다

어릴 때부터 음악 교육을 받고, 세계적으로 손꼽히는
음악 대학을 나왔다고 해서 반드시 훌륭한 지휘자가 되는 것은 아니다.
치열한 음악 세계에서 오자와 세이지 같은 지휘자로 남으려면
어떤 자질을 가져야 할까?

세계적인 지휘자로 인정받는
오자와 세이지.

그는
뉴욕 필하모닉, 빈 필하모닉, 보스턴 필하모닉,
비엔나 국립 극장 음악 감독 등을 지냈다.

동양 사람이 서양 음악을
그것도 서양인보다 더 잘한다는 것은
결코 쉬운 일이 아니다.

그가 수많은 경쟁자를 물리치고
최고의 지휘자로 우뚝 설 수 있었던 것은
항상 새롭게 변화하려는 노력과
음악에 대한 열정 때문이다.

 누군가를 '지휘한다'는 건 어떤 의미일까요?

"저희는 오자와 세이지가 아니라
독일 지휘자를 원합니다."

파리에서 힘겹게 공부를 마치고
일본으로 돌아와 방송사 교향악단의
지휘자가 된 오자와 세이지.
그러나 단원들은 그를 받아들이지 않았다.

텅 빈 공연장에서 홀로
지휘대를 지키고 있어야 했던 그.

보이콧: 거부나 거절. 어떤 일을
받아들이지 않고 물리치는 일.

그러나 보이콧 사건은
오자와 세이지를
더욱 단단하게 만들어 주었다.

그는 지휘자 자리를 내려놓고
미국으로 건너갔다.
그 후 세계 여러 나라를 돌아다니며
각 나라 음악의 장단점을 연구했다.

구축하다: 기초를 닦아
세움.

다채로운 음악 세계의 경험은
리듬감이 좋고, 선율이 아름다운
세이지만의 지휘 스타일을
구축해 나가는 데 큰 도움을 주었다.

오자와 세이지는
소설가 무라카미 하루키와의 대담에서
이렇게 말했다.

무라카미 하루키: 세계적으로
유명한 일본의 소설가. 대표작으로
《바람의 노래를 들어라》,《상실의
시대》,《1Q84》 등이 있음.

"지휘자는 악보를 읽고 난 뒤
머릿속으로 하나의 음악을 만듭니다.
그리고 오케스트라와 함께
실제 소리로 만들어 가는 거죠."

지휘자에게는
청음이 무척 중요하다.
오케스트라 단원들이
악보에 적힌 대로 제대로 연주하고 있는지
정확히 분별할 수 있어야 해서다.

밸런스, 템포, 타이밍, 음색 등을
제대로 감지하지 못하면
단원들을 좋은 방향으로 이끌 수 없다.

청음: 소리를 알아들음.

그렇기에
지휘자는 곡 전체를 암기하고 있어야 한다.
연주할 곡을 어떤 음악으로 만들어 낼 것인지
판단하는 것도 지휘자의 몫.

좋은 지휘자가 되려면

악기 하나를 제대로 다루는 것은 기본,

여러 악기에 대한 이해와 공부가 필요하다.

음악 공연장을 찾아 지휘하는 모습을 자주 보고,

직접 지휘해 보는 기회도 가져야 한다.

그리고 무엇보다

수없이 많은 연주를 들어 보아야 한다.

이런 경험들은

음악을 깊이 이해하는 데

도움을 줄 뿐 아니라

지휘자로서 음악에 관한

주관을 갖게 한다.

주관: 자기만의 의견이나 생각.

68

일본 음악계의 권위자들이 모인 자리,
오자와 세이지가 지휘를 시작하고
얼마쯤 지났을 때
한 음악인이 그의 지휘가 틀렸다고 지적했다.

권위자: 어떤 분야에서 남보다 뛰어난 전문가.

잠시 생각에 잠겨 있던 오자와 세이지는
고개를 들고 단호하게 대답했다.

"저는 저의 지휘법이
틀리지 않았다고 생각합니다."

그러자 여기저기서 박수가 터져 나왔다.
그가 권위 앞에서 물러서지 않을 수 있었던 것은
음악에 대한 뚜렷한 주관과 소신이 있었기 때문.

지난날의 곤경을 딛고
지혜롭게 자신의 삶을 지휘해

곤경: 어려운 형편이나 처지.

오늘에 이른 오자와 세이지.
그는 세계 정상의 지휘자로
여전히 활동 중이다.

지식e 궁금해!

세계적인 지휘자

＊ 헤르베르트 폰 카라얀

강렬한 카리스마와 화려한 퍼포먼스로 유명한 오스트리아의 지휘자예요. 어릴 때 피아노 신동이었던 카라얀은 베를린 필하모닉을 비롯한 유명 오케스트라의 지휘자를 지냈어요. 곡 해석과 연습에 매우 철저했던 그는 '지휘의 제왕'으로 불리며 20세기 음악사에 큰 영향을 미쳤답니다.

＊ 클라우디오 아바도

부드러운 카리스마, 민주적인 리더십으로 악단을 이끈 이탈리아의 지휘자예요. 주목받지 못하고 있는 명곡을 발굴하고 소개하는 데 노력을 아끼지 않았어요. 기존 음악계의 보수성을 벗어던진 아바도는 연주 스타일에서도 새로운 실험을 과감하게 실행했지요. 연주자에게 일방적으로 지시하기보다는 각자가 개성을 살려 연주하도록 했어요. 그렇게 자유로운 분위기 속에서 조화의 아름다움을 만들어 냈답니다.

지휘자가 되고 싶다고요?

지휘자는 관현악단이나 합창단 등 여러 단원으로 구성된 음악 집단을 지도 및 지휘해요. 지휘법은 시대에 따라 계속해서 변화해 왔는데, 지금처럼 단원들 앞에 서서 지휘봉을 사용해 지휘하는 형식은 19세기 초에 처음 등장했답니다.

지휘자가 되고 싶다면 대학에서 음악을 전공하는 것이 좋아요. 기악과, 피아노과, 작곡과, 관현악과 등 여러 학과가 있으며, 대부분의 지휘자는 악기나 작곡을 먼저 전

공한 후 지휘를 추가로 공부한답니다. 지휘자를 비롯한 음악가는 일찌감치 음악의 길로 들어서는 경우가 많아요. 어릴 때부터 음악적 소양을 기르고 꾸준한 연습을 통해 실력을 쌓지요.

음악과 관련된 직업이 궁금하다고요?

＊ 음반 프로듀서

음반이 세상에 나오기까지의 모든 과정을 지휘해요. 음반의 기획에서 홍보에 이르기까지 실제적인 제작 업무를 맡는 제작 프로듀서와 음반의 분위기나 사운드를 결정하는 음악 프로듀서로 나뉘어요.

＊ 음악 치료사

음악을 이용해 사람의 신체와 정신을 치료해요. 음악은 물론 심리학적 전문 지식을 필요로 한답니다. 환자와 함께 악기를 연주하면서 환자의 상태를 진단 및 평가하고, 그 결과에 따라 음악적 치료 방법을 모색해요.

＊ 작곡가

대중가요, 영화 배경 음악, 교향악 등을 만들어요. 음악의 장르에 따라 여러 차이점이 있지만, 작곡가는 기본적으로 악기 실력과 음악 이론을 기반으로 곡을 창작하지요. 대학에서 음악을 전공하면 도움이 되지만 학력에 특별한 제한은 없어요.

06 세상을 그리는 미의 창조자

🎨 화가 빈센트 반 고흐

★ '마음의 눈'으로 세상을 바라본다

'훌륭한 예술 작품은 영원하다'는 말이 있다.
가난하고 힘든 삶 속에서도
예술에 대한 열정과 사랑을 잃지 않았던 화가 반 고흐.
나도 반 고흐 같은 화가가 될 수 있을까?

빈센트 반 고흐의
특별전이 열리고 있는
필라델피아 미술관.

한 여자가 오래도록
그림 앞을 떠나지 못했다.
그림의 작품명은 〈별이 빛나는 밤〉.

가만히 서 있던 여자의
눈에서 한 줄기 눈물이 흘러내렸다.

'영혼을 위로하는 그림'을
그리겠다고 한
고흐의 바람이
전해진 것일까?

 어떤 그림이 잘 그린 그림이라고 생각하나요?

예술 작품을 위대하다고 말하는 것은
그것이 인간의 마음에 깊은 울림과 감동을
전해 주기 때문이다.

화가는
단순히 붓과 물감으로
사물을 복사하지 않는다.

복사하다: 글이나 그림을
그대로 옮겨 쓰거나 그리다.

그림이라는
도구를 이용해
자신이 바라본 세상을
화폭에 옮겨 담는다.

고흐

고갱

로트레크

모네

그렇기에
어떤 그림은
누군가의 가슴에
긴 여운을 남긴다.

여운: 감동, 분위기 등이 아직 가시지 않고 남아 있는 것.

시공간을 뛰어넘어
깊은 교감을 나누기 때문이다.

교감: 서로 접촉하여 따라 움직이는 느낌.

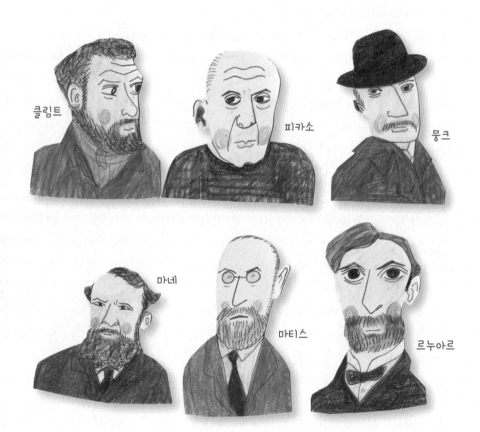

클림트

피카소

뭉크

마네

마티스

르누아르

37년이라는 짧은 생을 살았지만
누구보다 열정적으로 그림을 그렸던 고흐.
그는 20세기 초 야수파 화가들의 지표가 된다.

〈별이 빛나는 밤〉을
그릴 당시
스스로 한쪽 귀를 자를 정도로
고통스러운 시간을 보냈던 그.

야수파: 20세기 초 프랑스에서
일어난 미술 운동.

지표: 방향이나 목적,
기준이 되는 것.

정신 병원을 찾아
치료를 받던 고흐는
창밖의 별들을 바라보며
지친 영혼을 위로받는다.

화가는
자신의 삶을 통해서도
영감을 얻는다.

따라서 화가에게는
삶을 이루는 모든 것이
그림의 소재가 된다.

프랑스의 시골길 산책을 즐겼던 고흐는
무심코 지나치지 않고
거기서 만난 풍경들을 마음에 담았다.

들판에서 일하는
농부들의 모습,
길가에 심어진
올리브 나무와 삼나무들…….

날마다 걷는 길,
날마다 보는 들판이라도
다른 시선으로 바라볼 때
훌륭한 그림이 탄생한다.

평생 가난과 질병에 시달렸지만
삶 속에서
'사랑'을 잃지 않았던 고흐.

고흐는
가난하고 소외된
사람들에게
크나큰 애정을 가졌다.

그는 〈감자 먹는 사람들〉에
삶의 진실을 담고자 했다.
동생 테오에게 보낸 편지에서
그는 말한다.

"램프 불빛 아래서
감자를 먹는 사람들이 접시로 내민 손…….
그 손은
손으로 하는 노동과
정직하게 노력해서 얻은 식사를 의미한다."

인생을 깨닫는 방법은
많은 것을 사랑하는 것이라고
믿었던 고흐처럼
화가는 마음의 눈으로
인생을 그릴 수 있어야 한다.

태양의 화가, 빈센트 반 고흐

고흐는 1853년 네덜란드에서 태어났
어요. 목사인 아버지의 영향을 받아
신학을 공부했으나 결국 화가의 길로
들어섰답니다. 작품 활동 초기에는
주로 노동자나 농민 등 하층민의 삶
을 그렸는데, 그 대표작이 바로 〈감자
먹는 사람들〉이에요.

어린 시절부터 자연에 관심이 많았
고, 특히 해바라기 꽃을 좋아했던 고

흐는 강렬한 노란색으로 표현한 〈해바라기〉 연작을 통해 '태양의 화가'
라는 호칭을 얻기도 했지요.

괴팍한 성격에 정신병 발작까지 일으켰던 고흐가 면도칼로 자신의 귀를
자른 일은 유명한 일화로 남아 있어요. 심오한 정신적 의미가 담긴 작품
으로 평가받는 〈별이 빛나는 밤〉은 정신 병원에 1년간 머물면서 치료를
받던 시절에 탄생한 걸작이에요.

위대한 화가 고흐는 1890년 권총 자살로 짧은 생을 마감했어요. 불꽃같
은 정열과 격렬한 필치로 눈부신 색채를 표현했던 작품에 비해 그의 삶
은 고독과 가난 속에서 온전히 예술을 위해 바쳐졌답니다.

미술가가 되고 싶다고요?

미술가는 그림, 조각, 공예, 서예 등의 작품을 만들어 내는 사람이에요. 어떤 미술 작품을 만드는지에 따라 화가, 조각가, 공예가, 서예가 등으로 불리지요. 미술가가 되기 위해서는 대학에서 미술 이론과 실기를 공부하는 게 일반적이에요. 학교에 가지 않고 개인적으로 실력을 쌓은 뒤 미술 공모전에 입상해 미술가가 되는 경우도 있답니다. 순수 창작 활동만 하는 작가도 있지만, 미술 교사가 되거나 학원·화실을 운영하는 등 다른 일과 병행하면서 작품 활동을 이어가는 미술가들이 많아요.

미술과 관련된 직업이 궁금하다고요?

＊ 큐레이터

학예사라고도 불러요. 전시를 기획하는 것이 주된 업무이며, 그 외에 미술관 소장품의 수집·관리·조사·연구를 담당하고 각종 교육 프로그램을 개발하기도 해요.

＊ 아트 컨설턴트

미술 작품을 구입하고자 하는 고객들에게 조언을 해 주거나, 작품을 골라 고객이 원하는 공간에 설치해 주는 일을 해요. 미술에 관한 지식이 풍부해야 하며, 상담을 잘할 수 있는 언어 능력 또한 갖추어야 한답니다. 아직까지는 프리랜서로 활동하는 경우가 많아요.

＊ 미술 평론가

미술 작품의 주제나 표현, 기술 등을 분석하고 그에 따른 글을 써요. 잡지 등에 글을 싣거나 방송에 출연해서 작품을 해설하기도 하지요. 주로 미술품 임대 및 판매, 경매 업체에서 일해요.

단 한 번뿐인 순간의 기록자

사진작가 최민식

★ 무엇을 왜 찍는지 끊임없이 생각한다

많은 사람들이 사진을 찍어 인터넷 블로그나 트위터에
올리는 시대가 되었다. 그만큼 사진은 우리의 일상과
가까이에 있다. 훌륭한 사진작가가 되어 멋진 사진을
찍고 싶다면 어떻게 해야 할까?

앞다투어

비싼 카메라를 사는 시대.

좋은 카메라만 있으면

나도 멋진 사진을 찍을 수 있을까?

사진의 질은

누가

무엇을

어떻게

찍느냐에 따라

결정된다.

 카메라가 생기면 무엇을 찍고 싶나요?

세계적으로 이름난
다큐멘터리 사진작가들은
사진 속에
분명한 주제 의식을 담았다.

다큐멘터리: 꾸며 내지 않은
현실을 사실적으로 그린 것.

리얼리티: 사실성을 뜻하는 말.

우리나라의 대표적인
다큐멘터리 사진작가 최민식은
사진에 리얼리티를 담은
사진작가 중 한 사람.

"나는 없는 길을 간 것도 아니고,
이 땅에 없는 사람들을 찍은 것도 아니다.
오늘도 내 카메라는 가난한 이들을 향하고 있다."

예술은 고난과 가난 속에서
피어난다고 믿었던 사진작가.

다큐멘터리 사진은
당대의 현실을 기록한다.

고아가 된 아이,
이리저리 떠도는 부랑자,
길에서 물건을 파는 할머니……

부랑자: 일정하게 사는 곳 없이
떠돌아다니는 사람.

우리 시대가 마주한
어둡고 그늘진 모습을
있는 그대로 카메라에 담았던
사진작가 최민식.

그래서

휴머니티: 인간의 고유한
특성, 인간다움을 뜻함.

그의 사진에는
진실과 휴머니티가 녹아 있다.

사람들은
그의 사진들을 보며
때로는 웃고,
때로는 눈물 흘린다.

값비싼 장비를 갖춘다고 해서
단번에 훌륭한 사진을
찍을 수 있는 건 아니다.

먼저
'나는 왜 찍는가?'라는
물음을 던질 줄 알아야 한다.

사진작가들은
자신이 찍고자 하는 대상을
10년, 20년씩 꾸준히 찍는다.

패션 사진가는 패션을
건축 사진가는 건축물을 찍기 위해
세계 곳곳을 돌아다닌다.

이런 근기와 노력만이
누구도 찍지 못하는
'단 한 컷'을 만들어 낸다.

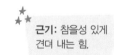

근기: 참을성 있게
견뎌 내는 힘.

최민식은
평생 '인간'을 주제로
작업했다.

'낮은 곳으로 향하는 사진을 찍겠다'는
그의 철학이
우리 시대를 대표하는
다큐멘터리 사진작가라는
수식어를 갖게 했다.

수식어: 표현을 아름답게 혹은
명확하게 하기 위하여 꾸미는 말.

렌즈를 통해
인간의 삶을 들여다볼 수 있는
매력적인 분야, 사진.

만약 카메라가 생긴다면
먼저, 내가 가장 사랑하는
대상부터 찍어 보자.

카메라는 어떻게 발명되었을까요?

카메라는 라틴어로 '어두운 방'을 뜻
하는 '카메라 옵스큐라'를 기초로 발
명되었어요. 처음엔 화가들이 그림
을 그리는 데 사용했지요. 카메라 옵
스큐라는 한쪽 면에 작은 구멍이 있

고, 반대편 안쪽으로는 밖에 있는 사물의 거꾸로 된 상이 비치게 되어 있
었답니다. 화가들은 카메라 옵스큐라에 비친 상을 따라 그림을 그림으로
써 대상을 보다 정밀하게 묘사할 수 있었어요. 이 카메라 옵스큐라의 원
리를 더 발전시켜 고정된 사진을 찍을 수 있게 한 것이 바로 우리가 현재
사용하고 있는 카메라랍니다.

세계적인 사진작가

★ 앙리 카르티에 브레송

프랑스의 사진작가로, 20세기 격변의 현장과 다양한 인간 군상을 날카로
운 시선으로 담아낸 사진을 통해 보도 사진의 본보기를 만드는 데 기여
했어요. 사진, 영화, 그림 등 다방면에 재주가 있었지만, 사진 부문에서 가
장 큰 영향력을 발휘했지요. 라이카 카메라를 들고 전 세계를 누비며 '연
출하지 않은 현실 그 자체'를 사진에 담으려고 노력했던 브레송은 사진

을 예술의 위치에 올려놓은 위대한 사진작가랍니다. 로버트 카파, 데이비드 시모어, 조지 로저 등 유명 사진작가들과 함께 다큐멘터리 사진 통신사인 '매그넘'을 설립했어요.

✷ 로버트 카파

'전쟁 사진의 전설'로 불리는 헝가리의 사진작가예요. 어니스트 헤밍웨이, 존 스타인벡 등 세계적인 소설가들과 친한 친구 사이이기도 했어요. 카파가 찍은 스페인 내전에서 총을 맞고 쓰러지는 병사의 사진은 너무나 유명하지요. 마흔한 살이라는 젊은 나이에 베트남 전장에서 사망하기까지 카파는 사진 역사에서 가장 위대한 모험가였답니다. 생명의 위협을 무릅쓰고 전쟁 현장을 돌아다녔던 카파 덕분에 현대사의 생생한 이미지들이 기록으로 남을 수 있었어요.

사진과 관련된 직업이 궁금하다고요?

✷ 사진 기자

신문 및 잡지에 게재하기 위해 사진을 촬영하고 편집해요. 혼자서 사건사고 현장을 방문하기도 하고, 편집국의 요청에 따라 움직이기도 하지요. 정치, 경제, 사회, 문화, 스포츠, 연예 등 어느 한 분야를 전문적으로 촬영하는 경우도 있답니다. 주로 긴급한 상황에서 일하기 때문에 빠른 판단력과 순발력, 민첩성 등이 필요해요.

✷ 스틸 사진사

스틸 사진은 영화의 한 장면을 촬영한 사진을 말해요. 스틸 사진사는 촬영장에서 영화의 주요 장면이나 배우의 모습을 카메라에 담아요. 이렇게 찍은 스틸 사진은 주로 영화를 홍보하는 데 사용된답니다.

08 새로운 아름다움의 개척자

👗 패션 디자이너 코코 샤넬

★ 고정 관념을 버리고 변화를 즐긴다

패션 디자이너는 남들이 만든 것에 만족하지 않고 스스로
새로운 것을 창조한다. 답답한 코르셋과 드레스에 갇힌
여성들을 위해 실용적이면서도 예쁜 옷을 디자인한 코코 샤넬.
나도 샤넬 같은 디자이너가 될 수 있을까?

남자들만

바지를 입던 시대,

코코 샤넬은

입기 불편한

드레스가 아닌

자신이 만든 바지를 입고

승마 모임에 나갔다.

 친구에게 어떤 옷을 만들어 주면 좋아할까요?

화려한 장식이 달린 모자와
갑갑한 코르셋,
지나치게 풍성한 드레스를
벗어던진 샤넬.
그런 그녀를 바라보는
사람들의 시선은 곱지 않았다.

코르셋: 체형을 날씬하게 만들기 위한 옷으로, 과거에는 고래 뼈나 철사를 재료로 사용함.

"샤넬, 그 바지는 뭐요? 당신의 복장은 여자답지 않소."

그러나 그녀는 오히려 더 당당했다.

승마 모임이 끝나고
샤넬의 방으로 찾아온 한 귀족 부인.

"간편해 보이는 그 모자를 내게도
만들어 줄 수 있나요?"

남녀 차별이 심했던 시대,
여성의 옷은 남성에게 잘 보이기 위한
목적으로 만들어졌다.

하지만 샤넬은
여성을 위한 디자인을 하기로
마음먹는다.

패션은 옷 외에도 신발, 가방, 모자 등
겉모습을 꾸미는 모든 것을 통해 완성된다.

샤넬은
파리에 '샤넬 모드'라는
모자 가게를 열고
이제껏 없던 모자를
만들어 팔기 시작했다.

파리 여자들은
앞다투어 그 모자를 샀다.

CHANEL MODES

100

샤넬의 성공은
사람들의 고정 관념을
바꾼 것에서 비롯되었다.

패션 디자이너란
유행을 따르는 사람이 아니라
유행을 새롭게 창조하는 사람.

이미 있는 디자인을
반복할 필요는 없다.

디자인을 할 때는
몇 가지 사항을 고려해야 한다.

보다 새로운 스타일인가?
어떤 대상에게 입힐 것인가?
입거나 착용할 때 불편하지는 않은가?
보기에도 좋은가?

모든 여성이
손에 핸드백을 들고 다닐 때
샤넬이 핸드백에 어깨끈을 달아
여성의 손을 자유롭게 만들어 준 것처럼
좋은 디자인은
인간의 삶을 편리하게 한다.

옷이란 입는 사람의
목적에도 부합되어야 한다.
권투 선수가 입을 운동복에
불편하기 짝이 없는
레이스를 단다면
아무도 거들떠보지 않을 것이다.

부합되다: 서로 꼭 들어맞음.

어떤 소재와 패턴, 색깔을 이용해
어떻게 디자인을 할 것인가?

패션 디자이너는
좀더 다른 아름다움을 추구하기 위해
끝없이 탐구하는
개척자이다.

여성에게 자유를 선물한 코코 샤넬

코코 샤넬은 1883년 프랑스에서 태어났어요. 수녀원에서 자랐으며 카페에서 노래를 부르는 가수이기도 했지요. 모자 가게를 열어 패션 일을 시작한 샤넬은 간단하고 입기 편한 옷을 만들기로 마음먹었어요. 당시 남성 속옷을 만드는 데나 쓰이던 '저지' 천으로 원피스를 만들어 큰 성공을 거둔 후, 갑갑한 속옷이나 장식이 많은 옷으로부터 여성을 해방시키는 획기적인 디자인을 선보였어요. 무릎까지 올라오는 치마, 여성용 바지, 어깨끈이 달린 핸드백 등 기존의 상식을 뒤엎는 파격적인 패션은 샤넬에게 '패션 혁명가'라는 찬사를 안기기에 충분했답니다.

패션 디자이너가 되고 싶다고요?

 패션 디자이너는 유행의 경향은 물론 소재와 컬러 등 옷과 관련된 다양한 요소들을 종합적으로 비교·분석해 각종 옷을 디자인해요. 우리가 지금 입고 있는 옷은 패션 디자이너의 디자인 설계, 견본 제작, 수정 및 보완 등의 과정을 거쳐 완성된 것이랍니다.

패션 디자이너는 옷에 대한 기본 지식뿐 아니라 창의성, 색채 감각, 조형미, 유행 감각 등을 고루 갖추어야 해요. 단순히 디자인만 하는 것이 아니라 옷을 상품으로서 판매하기 위한 마케팅 능력 또한 필요하지요. 패션

디자이너 중에는 대학에서 의상 디자인, 의류학 등을 전공하거나 디자인 학원에서 전문 교육을 받은 경우가 많아요.

관련 자격증으로는 패션디자인 산업기사, 한복 산업기사, 양복 기능사, 양장 기능사, 섬유디자인 산업기사, 의류 기술사 등이 있어요. 모두 국가 공인 자격시험으로 해마다 실시되고 있어요.

패션과 관련된 직업이 궁금하다고요?

✻ 코디네이터

고객의 의상, 액세서리, 메이크업, 헤어스타일 등을 종합적으로 연출해요. 의상을 직접 디자인하고 제작하는 능력도 갖춰야 한답니다. 관련 학원에서 공부한 후 활동을 시작하는 경우가 많아요.

✻ 컬러리스트

상품의 개성을 돋보이게 하는 색상을 결정해요. 다양한 분야에서 활동할 수 있지만, 특히 패션 분야에서 일하는 경우가 많아요. 색상에 관한 최신 경향을 분석하고, 필요에 따라 새로운 색을 만들어 내기도 해요. 대학에서 미술이나 패션을 전공한 경우가 대부분이며, 해마다 실시되는 국가 공인 시험을 통해 컬러리스트 자격증을 딸 수 있어요.

✻ 텍스타일 디자이너

텍스타일은 직물을 뜻하는 말로, 텍스타일 디자이너는 옷감의 성분, 실의 굵기, 색상, 종류, 제직 방법 등을 적절히 배합해 새로운 섬유를 디자인해요. 다른 분야의 디자이너와 마찬가지로 미술에 소질이 있으면 좋고, 포토샵을 비롯한 각종 디자인 프로그램도 잘 다루어야 한답니다. 옷뿐 아니라 천으로 된 각종 용품, 벽지 등을 만드는 곳에서 일할 수도 있어요.

3부

몸으로 표현하고
만나는 세계

09 무대를 지배하는 몸의 예술가

🏃 무용가 피나 바우쉬

★ 사람들의 표정과 몸짓을 관찰한다

대부분의 나라에는 그 나라를 대표하는 춤이 있다.
그만큼 사람들은 춤을 즐기고 사랑한다.
춤은 인간의 생각을 표현하는 또 다른 언어.
춤으로 자신은 물론 다른 사람의 내면까지 표현할 수 있을까?

독일 북부의 작은 도시, 졸링겐.

여행자들이 오고 가는

레스토랑 한쪽에서

사람들을 관찰하는

아이가 있었다.

여관과 레스토랑을

운영하느라

언제나 바쁜 부모님.

심심했던 아이는

혼자서 춤을 추며 놀았다.

 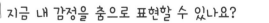 지금 내 감정을 춤으로 표현할 수 있나요?

저 아가씨는 사랑스러우니까 귀여운 새처럼
저 아저씨는 체격이 크니까 팔 동작을 더 넓게!

아이는
제각기 다른
사람들의 표정과 몸짓을
춤으로 표현하기 시작했다.

세월이 흘러

현대 무용의 대명사로 불리게 된
피나 바우쉬.

그녀는 유년 시절 카페에서 만난
사람들의 모습을 떠올리며
〈카페 뮐러〉라는 작품을 만든다.

최초로 무용에
연극의 개념을 가져온
'탄츠테아터'라는 장르를
탄생시킨 그녀.

탄츠테아터: 고전 발레의 형식에서
벗어나 무용·연극·무대 장치 등이
자유롭게 어우러지는 예술 장르.

하지만
처음부터 이 장르가
인정받았던 것은 아니다.

춤과 대사를 통해
사회를 비판했던
그녀의 무대를
불편해하는 사람들도 많았다.

하지만
당대의 예술가와 연출가들의
생각은 달랐다.

"대단히 멋지고 실험적인 작품이야!"

무용가는
자신의 몸으로
인간의 내면을 표현한다.

때로는 사랑을 잃은 여인이 되고,
때로는 호두까기 인형이 되고,
때로는 날개를 잃은 백조가 되어
무대 위에서 마음껏
재능을 펼친다.

그러기 위해선
맡은 배역을 해석할 수 있는 지적 훈련과
유연하고 건강한 몸을 만들기 위한
육체적 훈련이 필요하다.

이런 훈련은
한순간에
이루어지지 않는다.

시, 소설, 영화, 그림 등을
꾸준히 보며 영감을 얻고
여행을 통해
다채로운 경험을 쌓아야 한다.

피나 바우쉬는
자주 여행을 다니면서
그곳 사람들의 생활을 보고
무대에 오를 춤을 구상하곤 했다.

춤은
사람과 사람이 교감하는
몸의 언어.

따라서
인간의 삶에
호기심과 열정을 가질 때에만
멋진 춤이 탄생한다.

무용의 종류를 알아볼까요?

무용은 '형태'에 따라 다음의 세 가지로 분류할 수 있어요.

* 발레

발레는 음악, 팬터마임, 의상, 장치 등을 갖추어서 특정한 주제의 이야기를 종합적으로 표현하는 무용이에요. 원래 유럽의 귀족이 즐기는 사교 무용이었던 발레는 이탈리아에서 탄생, 프랑스로 전파된 후 러시아에 이르러서야 지금의 모습을 갖추었답니다. 주요 작품으로 〈백조의 호수〉, 〈지젤〉, 〈호두까기 인형〉 등이 있어요.

* 현대 무용

정해진 형식이나 화려한 기술에서 벗어나 자유와 새로움을 추구하는 무용을 현대 무용이라고 해요. 세계적인 무용수 이사도라 던컨이 창시한 현대 무용은 전통적인 발레에 대한 저항에서 시작되었어요. 자유롭고 개성적인 표현을 강조하며, 시대마다 춤의 형식도 다양하답니다.

✳ 민속 무용

민속 무용이란 예로부터 각 민족
이나 지방에 전해져 내려오는 개
성적인 춤을 말해요. 특정한 사람
이 안무하는 것이 아닌 민속 무용
은 향토색이 짙고 민속 의상을 입

으며 기록 방법이 없다는 등의 특징을 갖고 있어요. 독일의 왈츠, 스페인
의 플라멩코, 일본의 가부키, 우리나라의 탈춤 등이 바로 민속 무용이에요.

무용과 관련된 직업이 궁금하다고요?

✳ 뮤지컬 배우

뮤지컬 공연에서 연기를 하면서 노래를 부르고 춤을 춰요. 춤과 노래, 연
기 등 다양한 분야의 실력은 물론 재능과 끼가 있어야 도전할 수 있어요.
문화 전반에 대한 관심을 갖고 풍부한 표현력을 기르는 게 중요해요. 대
부분 대학에서 연극이나 영화, 무용, 성악 등을 전공하거나 뮤지컬 전문
학원에서 교육받아요.

✳ 백댄서

가수의 노래에 어울리는 춤을 만들고 함께 공연해요. 백댄서가 되려면
무엇보다 춤에 재능이 있어야 하지요. 몸이 유연하고 리듬감이 좋아야
하며, 여러 장르의 음악에 맞춰 공연을 펼쳐야 하기 때문에 발레나 한국
무용, 라틴 댄스, 재즈 댄스, 스포츠 댄스 등 다양한 춤에 대한 기본 지식
도 필요하답니다. 주로 음악이나 연예 관련 기획사, 방송국 무용단 등에
소속되어 일해요.

10 열정 넘치는 거리의 춤꾼

브레이크 댄서 김지용*

★ 근력과 리듬감을 키운다

세계적으로 인정받는 우리나라의 비보이.
세계 5대 비보이 배틀에서 잇따라 우승하며
전 세계 젊은이의 마음을 사로잡은
우리 비보이의 브레이크 댄스.
나도 그 춤의 주인공이 될 수 있을까?

대학로 거리에서
힙합 음악을 틀어 놓고
브레이크 댄스를 추고 있는
앳된 소년들.

그들은
다른 사람을 의식하지 않고
춤에 집중하고 있었다.

"지용아, 오늘은 네가 제일 멋졌어!"

공연이 끝나고
서로를 응원해 주는 아이들.

 브레이크 댄스 공연을 보면 어떤 느낌이 드나요?

처음부터 지용이가
브레이크 댄스를 잘 추었던 건 아니다.

유난히 몸이 약했던 지용이는
어느 날 비보이들이 춤추는
모습을 보고 자신도 모르게
음악에 맞춰 어깨를 들썩거렸다.

비보이: 브레이크 댄스를
추는 남성. 여성의 경우는
'비걸'이라고 함.

"저도 형처럼
멋진 비보이가 될 수 있을까요?"

"물론이지.
먼저 근력 운동을 열심히 해야 해.
여러 동작이 가능하려면
근력이 있어야 하거든.
음악에 맞춰 춤을 추니
리듬감을 익히는 것도 중요하지.
힙합은 물론 다양한 장르의 음악을
많이 들으면 도움이 될 거야."

지용이는
체력을 다지기 위해
먼저 편식 습관을 고치고
아침마다 운동을 시작했다.

브레이크 댄스를 가르치는
전문 교육 기관을 찾아
쉬운 동작부터 꾸준히 연습도 했다.

브레이크 댄스를 추기 전에는
반드시 스트레칭을 해야 한다.
가벼운 동작으로
몸을 유연하게 하지 않으면
근육에 무리가 오기 때문.

물구나무서기 같은
운동을 꾸준히 하는 것도
효과적이다.

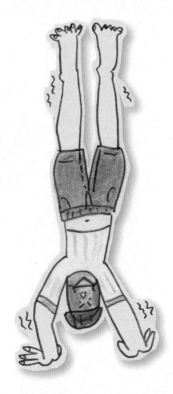

무엇보다
비보이가 되기 위해선
남다른 인내심이 필요하다.

지용이는
어려운 동작이 안 된다고
포기하지 않고
그 동작이 될 때까지
인내심을 가지고 연습했다.

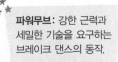
원심력: 원운동을 하는 물체가
원의 바깥으로 나가려는 힘.

이런 노력 끝에
원심력을 이용해 몸을 회전시키는
파워무브를 익힐 수 있었다.

파워무브: 강한 근력과
세밀한 기술을 요구하는
브레이크 댄스의 동작.

세계적인 대회에서
한국이 최고 수준의 국가로 인정받는 것은
그만큼 인내심을 가지고
기량을 갈고닦은
비보이가 많아서다.

기량: 기술을 펼치는 재주.

이들이 춤추는 동영상은
브레이크 댄서를 꿈꾸는
전 세계 비보이의
교과서라고 할 정도.

"우리 내년에는 독일 대회에 참가하는 거야!"

지용이와 친구들의 얼굴에
환한 웃음이 피어났다.

지식ⓔ 궁금해!

파워무브에는 어떤 동작이 있나요?

* 윈드밀

두 다리를 벌리고 등과 어깨로 회전하는 동작이에요. 풍차가 돌아가는 모습과 비슷해서 붙여진 이름이에요.

* 헤드스핀

머리를 바닥에 대고 물구나무서듯 몸을 세운 채 회전하는 동작이에요. 난이도가 매우 높은 동작에 속해요.

* 토머스

한 손으로 몸의 중심을 잡고 다리로 V자를 만들며 회전하는 동작이에요. 체조 선수들의 동작에서 따왔답니다.

브레이크 댄서가 되고 싶다고요?

브레이크 댄스는 미국에 사는 흑인들이 가장 먼저 추기 시작한 춤으로, 랩·디제잉 등과 더불어 힙합 문화의 한 요소라고 할 수 있어요. 브레이크 댄서인 비보이가 되려면 무엇보다 춤을 잘 추어야 하지요. 오디션을 통해 공연 기획사에 들어가 팀으로 활동하는 게 일반적이며, 댄스 경연 대회 등에서 실력을 인정받아 비보이가 되는 경우도 있어요. 브레이크 댄스의 인기가 높아지면서 전문 교육 기관이 많이 생겼고, 이를 통해 보다 체계적으로 춤을 배울 수 있는 기회도 늘어났답니다.

공연과 관련된 직업이 궁금하다고요?

* 공연 기획자

연극 · 뮤지컬 · 콘서트 등의 공연을 기획하고 진행해요. 무대 · 조명 · 음향을 비롯해 공연 전반에 관해 두루 알아야 하고, 사람들이 보고 싶어 하는 공연이 무엇인지, 공연 시장의 동향은 어떤지 늘 살펴야 하지요. 예산을 책정하고 공연자를 섭외하는 것은 물론, 공연을 진행하고 마케팅 및 홍보에도 힘써야 하는 등 다양한 일을 해내야 해요.

* 마술사

재빠른 손놀림과 눈속임으로 환상적이고 기발한 퍼포먼스를 선보이는 일을 해요. 사람들을 깜짝 놀라게 할 만한 창의력이 있어야 하며, 오랜 연습에도 지치지 않는 열정과 끈기가 필요하답니다. 무대에서 관객과 소통하기 위해서는 표현력과 말솜씨도 갖추어야 하지요. 대학에서 마술을 공부하거나 전문 학원 등에서 기술을 익히기도 한답니다.

* 퍼레이드 연기자

놀이공원 등에서 각종 공연을 펼치는 연기자를 말해요. 다양한 캐릭터로 분장하고 인형극에 참여하거나 춤을 추지요. 오디션을 통해 선발되며, 특별한 제한 조건이 없기 때문에 재능이 있는 사람이라면 누구나 도전할 수 있어요.

11 자신과 싸우는 그라운드의 전사

축구 선수 펠레

★ 자만하지 않고 최선을 다해 뛴다

브라질의 축구 영웅 펠레. 학교 운동장을 맨발로 뛰던 아이는
나중에 커서 '펠레가 곧 축구다'라는 말을 듣는 축구 황제가 된다.
나도 펠레처럼 어려움을 이겨내고 축구 선수가 될 수 있을까?

"아저씨, 구두 닦으세요!"

일곱 살이 된 펠레는
구두닦이를 시작했다.

축구 선수였던 아버지가
부상을 당한 뒤
집안 형편이 많이 어려워졌기 때문.

하지만
펠레는 씩씩했다.

  체력을 기르기 위한 방법은 무엇이 있을까요?

"펠레, 이쪽이야. 이쪽으로 공을 날려!"

운동화 살 돈이 없어
맨발로 축구를 하고 있는 아이들.
그러나 아이들의
얼굴에는 생기가 흘러넘쳤다.

열다섯 살이 되던 해
펠레에게 기회가 찾아왔다.
산투스 축구팀에 입단이 결정된 것!

하지만
유난히 키가 작았던 펠레는
벤치에 앉아 있는 날이 더 많았다.

펠레는 작은 체구를
장점으로 바꾸기로 마음먹었다.

다른 선수들보다 좀더 날렵하게
보다 정확하게 공을 찬다면
승산이 있다고 생각한 것.

승산: 이길 수 있는 가능성.

새벽같이 일어나
자신의 주특기인 바이시클 킥과,
드리블 기술도 더 열심히 연습했다.

바이시클 킥: 몸을 뒤쪽으로 눕혀 공중에 뜨면서 머리 너머로 공을 차는 기술. 오버헤드 킥이라고도 함.

드리블: 축구나 농구 등의 경기에서 발이나 손을 이용해 공을 몰아감.

무엇보다 펠레에게는 '해낼 수 있다'는
강인한 정신력이 있었다.
경기에 졌다고
자신이 골을 넣지 못했다고
쉽게 포기하거나 좌절하지 않고
끝까지 최선을 다하려는 끈질긴 근성.

135

운동은
타인과의 싸움이 아닌
자신과의 싸움이다.

많은 선수들이
자신의 한계를 극복하기 위해
싸운다.

치열한 훈련 과정을
견뎌 낸 선수만이
시합에 나갈 수 있는
기회를 얻는다.

벤치를 지키던 어느 날,

드디어

축구 시합에 나가게 된 펠레.

'우승은 식은 죽 먹기야!'

하지만

펠레의 예상과 달리

우승은 상대 팀에게 돌아갔다.

'내가 너무 자만했구나.'

운동선수에게
자만심은
최대의 적.

자만하다: 자신이나 자신과 관련된 것을 스스로 자랑하며 뽐냄.

진정으로 훌륭한 선수가 되려면
게으름과 절망만큼이나
자만심을 경계해야 한다.

속단하다: 신중을 기하지 않고 서둘러 판단함.

자신의 실력만 믿고
우승을 속단했던 펠레는
평생 이날의 교훈을 잊지 않았다.

선수로 활약한 20년 동안
1,200여 골을 넣은
'축구 황제' 펠레.

그는 자신 있게 말할 수 있었다.

"저는 매 경기
최선을 다해 뛰었습니다."

운동선수가 되고 싶다고요?

축구, 야구, 배구, 농구, 수영, 골프 등 다양한 운동 종목에서 전 세계 수많은 선수들이 활약하고 있어요. 운동선수는 좋은 성적과 기록을 남기기 위해 끊임없이 열심히 훈련해요. 또 체력을 기르고 기술을 익히며 경기에서 우승할 수 있도록 전략도 짜야 하지요. 그 과정에서 코치를 비롯해 전문가들의 도움도 잘 활용해야 해요.

직업인으로서의 운동선수는 프로 선수와 실업 선수로 나눌 수 있어요. 프로 선수는 계약을 통해 프로 팀에 소속되며, 실업 선수는 지방 자치 단체나 시·도 체육회 등에 소속되어 직원 자격으로 운동을 하지요.

선수들은 대부분 어린 시절부터 운동을 시작한답니다. 고등학교 때부터 프로 선수로 뛰거나 해외로 진출해 외국 선수들과 실력을 겨루는 경우도 있어요. 대학에 진학해 체육학과, 사회체육학과, 생활체육학과 등에서 전문 교육을 받을 수도 있지요. 운동선수가 되고 싶다면 우선, 내가 제일 잘하고 좋아하는 운동이 무엇인지부터 생각해 보세요.

운동과 관련된 직업이 궁금하다고요?

✴ 스포츠 에이전트

스포츠 에이전트는 운동선수가 팀을 옮기거나 연봉을 협상해야 할 경우, 그 일을 대신 하는 사람을 말해요. 축구의 경우는 관련 자격증이 있어야만 에이전트로 활동할 수 있는데, 이 자격증을 따려면 국제 축구 연맹인 FIFA에서 실시하는 시험을 통과해야 해요.

✴ 스포츠 캐스터

운동 경기를 중계방송하는 아나운서를 말해요. 경기 진행 상황을 정확하고 생동감 있게 전달하는 것이 주된 업무로, 보통은 해설자와 짝을 이루어 일해요. 아나운서로서의 기본 자질은 물론이고, 운동 및 운동선수에 관한 전문 지식, 대본 없이 방송을 진행할 수 있을 정도의 순발력과 재치가 필요하답니다.

✴ 심판

경기가 원활하게 진행되도록 하는 일을 해요. 체력 소모가 많은 일이기 때문에 무엇보다 강한 체력이 중요하며, 해당 운동에 관한 전문 지식을 꾸준히 쌓아야 하지요. 각종 운동 협회 등에서 교육을 받고 시험을 통과해야 심판 자격이 주어진답니다.

✴ 트레이너

운동선수의 건강 상태를 점검하고 몸을 튼튼하게 단련시키는 일을 해요. 규칙적인 운동, 체중 조절 등을 위해 각종 훈련 프로그램을 개발하고 부상당한 선수의 재활을 돕기도 하지요. 트레이너는 운동에 관한 전문가여야 할 뿐 아니라 의학적·심리학적 지식도 충분히 갖추어야 한답니다. 체육 관련 학과를 졸업한 후 자격증을 따면 트레이너로 활동할 수 있어요.

천의 얼굴을 가진 스크린의 광대

👤 배우 찰리 채플린

★ 인간에 대한 관심을 멈추지 않는다

배우가 되고 싶어 하는 사람은 많지만
모두 좋은 배우가 될 수 있는 건 아니다.
역사상 최고의 희극 배우라는 찬사를 받는 찰리 채플린.
그는 어떤 철학을 가지고 연기했을까?

"웃음이 없는 하루는
낭비한 하루다."

이 말은 누가 했을까?
바로 찰리 채플린.

콧수염을 기른 얼굴,
헐렁한 바지와 낡은 구두,
모자를 쓰고 지팡이를 든 채
우스꽝스러운 걸음걸이로
사람들을 웃기던
배우.

 연기를 잘하려면 평소에 어떤 노력을 해야 할까요?

부모의 이혼과 가난으로

힘든 어린 시절을 보냈지만

채플린은 '웃음'을 잃지 않았다.

삶의 희망을 잃어 가는 엄마에게

조금이라도 희망을 주고 싶었던 채플린.

그는 그 방법을 '웃음'에서 찾았다.

훗날
'최고의 배우'가 되는 그는
여덟 살 때부터 희극 무대에 올랐고,
몸이 아픈 엄마를 위해 자주 익살스러운
표정 연기를 선보였다.

익살스럽다: 남을 웃기려고
일부러 우스운 말이나 행동을 함.

우울한 낯빛을 띄다가도
채플린의 표정 연기를 보면
환하게 웃던 엄마.
채플린은 자신의 연기로
엄마는 물론 세상 사람들에게
꿈과 용기를 주고 싶었다.

배우는
연극, 드라마, 영화를 통해
다른 사람의 인생을
살아 볼 수 있다.

귀족부터 부랑아까지
천의 얼굴로
각양각색의 삶을
연기한다.

부랑아: 부모 곁을 떠나 일정하게 사는 곳 없이 떠돌아다니는 아이.

각양각색: 여러 가지, 각기 다 다름을 나타내는 말.

다른 사람의 삶을
연기하기 위해서는
어떤 노력이 필요할까?

인간에 대한
관심과 사랑을 멈추지 말아야 한다.

채플린의 연기가
엄마를 사랑하는 마음에서
비롯되었듯이.

채소 가게 아줌마
동물 병원 원장님
아르바이트하는 대학생
환자를 돌보는 간호사 등.

맡은 배역에 대한 이해와 애정 없이는
그 역할을 제대로 표현하기 어렵다.

거리를 오고 가는
수많은 사람들에게서
저마다의 특징을 발견하고
그것을 연기로 표현할 줄 알았던 채플린.

특징: 다른 것에 비해 특별히 눈에 띄는 점.

그는
'연기'란 머리가 아닌
가슴으로 하는 것이라고 말했다.

배우를 꿈꾼다면
세상을 웃기고 울렸던
찰리 채플린을 떠올려 보자.

149

가장 위대한 영화인, 찰리 채플린

전설적인 희극 배우이자 영화감독, 제작자인 찰리 채플린은 1889년 영국에서 태어났어요. 노래와 춤, 짤막한 공연을 선보이는 뮤직홀에서 배우로 활동하던 부모를 두었지만 매우 불우한 유년 시절을 보내야 했지요. 이혼 후 아버지가 가족을 떠났고 어머니는 병에 걸렸기 때문이에요. 어려서부터 극단 배우로 활동한 채플린은 할리우드로 진출해 배우로 큰 성공을 거둔 후, 웃음을 주면서도 눈물을 자아내는 채플린 특유의 영화들을 만들기 시작했어요. 관객들에게 열렬한 환호를 받던 그는 사회를 비판하는 내용의 영화를 만들어 미국에서 추방되는 등 어려움을 겪기도 했답니다. 비극적인 상황 속에서도 늘 웃음을 발견하려 했던 찰리 채플린은 1977년 스위스에서 생을 마감했어요. 그가 만든 영화로는 〈모던 타임스〉, 〈황금광 시대〉, 〈시티 라이트〉, 〈위대한 독재자〉 등이 있어요.

연기와 관련된 직업이 궁금하다고요?

* 스턴트맨

영화나 드라마에서 배우가 직접 하기 힘든 위험한 장면을 대신 연기해요. 춤이나 악기 연주, 말 타기 등 특수 기술을 필요로 하는 역할을 연기하기도 하지요. 전문 기술과 연기 능력을 두루 갖추고 있어야 해요.

* 코미디언

방송이나 무대에서 관객에게 웃음을 주는 사람을 말해요. 희극 배우라고도 하지요. 과장된 몸짓과 표정을 짓거나 해학과 풍자, 말장난 등으로 웃음을 선사한답니다. 학교나 사설 교육 기관에서 연기를 공부하는 경우가 많고, 방송국 공개 채용 혹은 오디션을 통해 코미디언이 되기도 한답니다.

* 탤런트

드라마나 영화에 출연하는 연기자를 말해요. 각종 예능 프로그램에서 다양한 재능을 뽐내고, 방송을 진행하기도 하지요. 학력 및 전공에 제한은 없지만 연기력을 쌓기 위해 연극영화과, 방송연예학과 등에 진학하거나 연기 전문 학원에서 공부하는 경우가 많아요.

* 연예인 매니저

배우나 탤런트, 가수 등의 연예 활동을 관리해요. 스케줄 관리는 물론, 다양한 이벤트를 기획하고 연예인을 대중에게 더 잘 알리기 위한 방법을 연구하지요. 매니저의 역할이 보다 전문화되면서 문화·예술 분야와 마케팅에 관한 전문 지식을 요구하는 경우가 늘고 있어요. 대학의 연예매니지먼트과에서 실습 위주의 교육을 받으면 매니저로 출발하는 데 유리할 수 있답니다.

목소리에 표정을 담는 연기자

성우 강민희 ★

★ 발성을 연습하고 독해력을 기른다

사람은 저마다 생김새가 다른 것처럼 목소리도 다르다.
비슷한 목소리는 있을 수 있지만 완벽하게 똑같은 목소리는 없다.
자기만의 개성을 나타내는 목소리. 평소 소리에 관심이 많다면
성우라는 직업에 도전해 보면 어떨까?

"목소리 좋은 민희가 이 구절을 읽어 보렴."

평소 학교 선생님과 친구들에게
목소리가 좋다는 말을 자주 듣는 민희.

목소리에
자부심이 생긴 민희는
애니메이션이나 다큐멘터리를 볼 때
더빙이나 보이스오버된 목소리에
관심을 갖게 됐다.

더빙: 외국 영화의 대사를 자기 나라 언어로 바꾸어 다시 녹음하는 일.

보이스오버: 화면에 나타나지 않는 인물의 목소리나 여러가지 다양한 소리.

 내 목소리를 녹음해 들어 보면 어떤 느낌이 드나요?

연기자가 되고 싶지만
유난히 부끄러움이 많아
남 앞에 나서기가 꺼려졌던 민희.

민희는
얼굴이 보이지 않지만
목소리만 가지고도
연기를 할 수 있는
성우의 세계에 대해
좀더 알아보기로 했다.

성우는

단순히 대사를 읽거나 전달하는 것이 아니라

인물이 처한 상황이나 표정,

심리적인 변화까지

목소리에 담아 연기를 한다.

따라서

다채로운 표현 능력과

섬세한 연기력이 요구된다.

민희는 먼저 유명한 성우들의
인터뷰 기사를 찾아 읽고
그들의 조언을 모아
꼼꼼하게 노트에 정리했다.
그리고 자신도 한번 따라 해 보기로 했다.

좋은 시집을 찾아
소리 내어 읽는 등
또박또박 정확하게 발음하는
발성 연습부터 했다.

그다음

재미있는 고전 소설을 골라 읽었다.

중요한 것은

처음부터 끝까지 책을 한 번 읽고

전체적인 내용을 파악한 뒤

다시 한 번 읽어 나가는 것!

이때 인물의 성격, 갈등, 주제 의식 등을 분석한다.

이런 방식은 독해력을 길러 주기 때문에

대본을 이해하는 데 도움이 된다.

독해력: 글을 읽고 뜻을 이해하는 능력.

성우에게는 목소리의 좋고 나쁨보다
대본의 내용을 어떻게 이해하고 표현하느냐가
더 중요한 문제이다.

"은지야, 서로 다른 세 인물의
대사를 읽어 볼게.
들어 보고 어땠는지 얘기해 줘."

민희는
친구 은지가 청취자라고 생각하고
라디오 드라마 대본을 읽기 시작했다.

"와! 네 목소리만 들어도
어떤 사람인지 머릿속으로 상상이 돼.
한 사람은 호탕하고 성격 급한 아저씨,
한 사람은 걱정 많은 할머니,
한 사람은 장난꾸러기 남자아이지?"

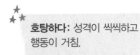

호탕하다: 성격이 씩씩하고
행동이 거침.

혼자서 연습할 때는
자신의 목소리를
녹음해 들어 보는 것도
매우 효과적이다.

원고 속의 인물을 제대로 표현했는지,
청취자가 호기심을 느낄 만큼
목소리 연기에 리듬감이 있었는지,
말의 호흡이 편안했는지 등을 체크한다.

어느 날,
열심히 대본 연습을 하는
민희에게 아빠가 물었다.

"성우가 되고 싶으면
관련 학과에 진학하거나
학원을 다녀 보는 게 어떨까?"

민희도 아빠와 비슷한 생각을 하고 있었다.

"아빠, 단순히 목소리가 좋다고
성우가 될 수 있는 게 아니라는 걸 알았어요.
성우도 연기자처럼 연기를
잘해야 하더라고요.
폭넓은 연기 공부를 위해
연극영화과에 가기로 마음먹었어요."

자신의 목표를 향해
한 걸음씩 나아가기로 결심한 민희.

민희는 오늘도
성우의 꿈을 안고
소리 내어 책을 읽고
좋아하는 애니메이션의
대사를 외운다.

지식ⓔ 궁금해!

목소리 연기를 잘하는 방법은 무엇일까요?

우선, 대본을 소리 내어 읽는 대신 먼저 눈으로 읽으면서 내용을 분석하고 머릿속에 기억해요.

그런 다음엔, 똑같은 표정이나 동작을 하기보다는 대본의 상황에 맞게 표정이나 동작을 다양하게 바꿔 가며 연기해요.

마지막으로 마이크의 특성을 이해하고, 장면에 따라 마이크와의 거리를 적절히 조절하면 원하는 느낌을 잘 살릴 수 있어요.

성우가 되고 싶다고요?

목소리 연기자인 성우가 되려면 방송사에서 실시하는 공개 채용 시험을 통과해야 해요. 방송사에 따라 고졸 이상, 전문대졸 이상으로 학력에 제한을 두기도 하지요. 시험은 주로 실기와 면접으로 이루어져요. 대본을 미리 공개하는 방송사도 있지만, 시험 당일 대본을 주고, 그것으로 시험을 치르는 방송사도 있으므로 철저한 준비가 필요하답니다.

성우는 무엇보다 연기력이 중요하기 때문에 연극영화과 등에서 폭넓은 연기 경험을 쌓은 뒤 성우에 도전하는 경우도 있고, 처음부터 성우학과나 성우 학원에서 보다 체계적인 수업을 거쳐 시험에 응시하기도 해요. 성우가 꿈이라면 평소 책을 소리 내어 읽고, 자기 목소리에 어울리는 캐릭터를 연구하고, 성우 경연 대회에도 참가해 보세요.

목소리와 관련된 직업이 궁금하다고요?

＊ 디스크자키(DJ)

라디오 프로그램을 진행하면서 음악을 골라 청취자에게 들려주는 일을 해요. 방송 진행자인 만큼 발음이 정확하고 순발력도 있어야 하지요. 학력에는 제한이 없지만 음악뿐 아니라 다양한 분야의 지식을 두루 갖추고 있어야 한답니다.

＊ 라디오 프로듀서

라디오 프로그램을 기획하고 만드는 일을 해요. 방송 원고를 검토하고 출연자를 섭외하며 방송 진행을 지휘하지요. 청취자와 실시간으로 소통하는 일이 많은 라디오의 특성상, 프로듀서는 무엇보다 열린 마음으로 세상의 이야기에 귀를 기울이는 자세가 중요하답니다.

＊ 아나운서

텔레비전이나 라디오 방송에서 뉴스 및 각종 프로그램을 진행해요. 각 방송사에서 운영하는 전문 교육 기관에서 발성, 호흡 등의 기본 능력을 키우고 카메라 테스트, 방송 진행 등의 실습을 통해 아나운서 시험을 준비하는 경우가 많아요. 뉴스는 물론 각종 교양 및 예능 프로그램으로까지 아나운서의 활동 영역이 넓어지면서 연기력 등 보다 다양한 능력이 요구되고 있답니다.

14 길 위에서 인생의 의미를 찾는 모험가

여행가 베르나르 올리비에

★ 열린 마음으로 세상을 바라본다

여행가들은 왜 안락한 집을 놔두고 여행을 할까?
그들은 여행에서 무엇을 보고 느끼는 걸까?
12,000km나 되는 실크로드를 두 발로 걸어서 여행한
베르나르 올리비에. 여행가가 되기 위한 첫걸음은 무엇일까?

"당신은 왜 걷습니까?"

걷기를 선택한 사람들을 향해
질문을 던진 사람이 있다.

《나는 걷는다》의 저자이며
세계 최초의 실크로드 도보 여행가인
베르나르 올리비에.

 우리는 왜 어디론가 여행을 떠나고 싶어 할까요?

그는 직장을 그만둔 뒤
도보 여행을 시작했다.

먼저 산티아고 길을 걸었고,
그 후 터키 이스탄불에서
중국 시안까지 12,000km나 되는
실크로드를 걷기로 결심한다.

1995년 5월 6일은
실크로드 대장정의 첫날.
그날 이후 4년여를 그는 묵묵히 걸었고
걷는 동안 다시금 삶의 의미를 찾았다.

"밥을 먹지 못했는데 좀 나눠 줄 있나요?"

올리비에는
길에서 만난
사람들에게 도움을 청했다.

그리고 여행에서 돌아와 자신이
도움 받았던 것처럼 누군가를 돕기 시작했다.
비행 청소년들의 재활을 돕는
도보 여행 협회를 설립한 것.

재활: 어려움이나 문제를
극복하고 다시 활동함.

올리비에는 여행을 통해
바쁘게 살았던 지난날을 돌아보고
새로운 삶을 가꿔 나갈 기회를 얻었다.

여행을 전문으로 하는 사람을
우리는 '여행가'라고 부른다.
여행의 목적이 다양한 만큼
여행가의 활동 범위 또한 넓다.

오지: 해안이나 도시에서
멀리 떨어져 있는 땅.

국내외 유명 관광지를 여행하고
유용한 정보를 모아 책으로 내는 여행가,
오지를 여행하면서 그곳의 매력을 소개하고
여행 프로그램을 개발하는 여행가,
자전거로 세계를 일주하며
환경 캠페인을 벌이는 여행가,
기업이나 단체로부터 후원금을 받아
여행에서 만난 소외된 지역 아이들을 돕는 여행가,
사람들이 여행을 계획하고 실행할 수 있도록
전문적으로 지도하는 여행가.

왜 떠나고 싶지?

무엇을 하고 싶지?

무엇을 보고 싶지?

무엇을 느끼고 싶지?

스스로 어떤 질문을 품느냐에 따라

여행은 그 형태가 달라지고

전혀 다른 결과를 가져온다.

여행가는
낯선 풍경,
낯선 사람 속에서
새로운 눈으로 세상을 바라보는 사람이다.

언어 및 사진 실력
문화에 대한 폭넓은 지식 등
다양한 능력과 자질이 요구되지만
무엇보다 필요한 것은
모험심, 그리고
열린 마음과 자세.

익숙하고 편안한 것에서 멀어져

편견: 공정하지 못하고
한쪽으로 치우친 생각.

편견 없이 자연과 사람을 만날 때
예상치 못했던 기쁨과 감동이 찾아오고
단단한 생각의 틀이 깨어진다.

미지에 대한 호기심
새로운 삶에 대한 열망
평화롭고 자유로운 휴식······.
사람들은 각기 다른 이유로
여행을 떠난다.

미지: 아직 알지 못함.

여행가가 되고 싶다면
여행을 통해
내가 얻고 싶은 것은 무엇인지
가장 먼저 생각해 보자.

특별한 도보 여행을 떠나는 '쇠이유 협회'

베르나르 올리비에가 설립한 청소년 교화 단체예요. '쇠이유'는 프랑스어로 '문턱'을 뜻하는 말이지요. 이 단체는 크고 작은 문제를 일으킨 아이들에게 법적 처벌 대신 도보 여행을 통해 새로운 기회를 만들어 주는 일을 해요. 이 여행에 참여한 청소년은 어른과 함께 100일 동안 2,000km 정도의 거리를 걸어요. 여행이 끝난 후에는 다시 학교로 돌아가거나 직업 연수를 받기도 한답니다.

여행가가 되고 싶다고요?

여행가는 여행을 매개로 다양한 일을 해요. 여행사를 설립해 운영하기도 하고, 여행을 하며 사진작가로 활동하기도 하고, 여행에서 얻은 경험을 많은 이들과 나누기 위해 강연자로 나서기도 하지요.

여행가는 따로 정해진 방법 없이 자유롭게 자신의 영역을 개척해 나간답니다. 따라서 학력이나 전공에 아무런 제약이 없어요. 그만큼 개인의 능력이 중요하지요. 하지만 낯선 나라를 여행하기 위해서는 우선 언어 능력이 뒷받침되어야 해요. 영어는 물론 스페인어나 일본어 등 여러 언어를

구사할 수 있다면 도움이 많이 되지요. 인사법이나 식사 예절 등 다른 나라의 문화를 알고 있는 것도 중요하지요. 더불어 체력 관리에도 신경을 써야 해요. 여행을 하다 보면 신체 활동이 많아지기 때문에 평소보다 쉽게 피로를 느낄 수 있어요.

여행과 관련된 직업이 궁금하다고요?

* 여행 가이드

여행자를 이끌고 다니면서 여행지의 역사와 문화를 소개해요. 우리나라에 여행 온 외국인을 상대하거나 외국에서 우리나라 관광객을 안내할 수도 있어요. 두 경우 모두 외국어 능력이 중요하며, 관련 자격증으로는 관광통역 안내사 및 국외 여행 인솔자 자격증이 있어요.

* 여행 작가

여행에서 얻은 정보와 감상을 글로 쓰는 일을 해요. 여행을 좋아하는 것은 기본, 자신이 말하고자 하는 내용을 잘 전달할 수 있는 글솜씨, 여행지의 생생한 모습을 전하기 위한 사진 실력 등이 필요하답니다. 여행에 대한 관심이 날로 증가하면서, 이론 수업과 여행 실습을 통해 여행 작가의 기본 소양을 기르는 전문 교육 기관도 생겨나고 있어요.

* 공정 여행 기획자

단순히 즐기기만 하는 것이 아니라 여행지의 환경을 오염시키지 않고 올바른 소비를 하며 현지인에게 피해를 주지 않는 여행을 공정 여행이라고 해요. 공정 여행 기획자는 이러한 공정 여행 프로그램을 개발하는 일을 해요. 여행을 많이 다녀 보고 해당 지역에 대한 공부도 게을리하지 않아야 하지요. 공정 여행은 기획자가 직접 가이드를 하는 경우가 많아요.

4부

새로운 세상,
미래의 유망 직업

15 네티즌을 사로잡는 인터넷 만화가

웹툰 작가 정모모*

★ 나만의 그림 스타일을 찾는다

인터넷 사이트에 자신이 그린 만화가 연재된다면 얼마나 기쁠까?
연재된 웹툰이 드라마로 만들어진다면? 영화로 상영된다면?
누군가에게 감동을 주는 웹툰 작가가 되고 싶은 나린이.
웹툰 작가가 되려면 어떤 노력이 필요할까?

176

"안녕하세요.

저는 초등학교 5학년 김나린입니다.

언니처럼 웹툰 작가가 되고 싶은데

어떻게 해야 할까요?"

웹툰: '웹(web)'과 '카툰(cartoon, 만화)'의 합성어로, 인터넷 사이트에서 볼 수 있는 만화를 말함.

인터넷 사이트에 연재된

〈모모네 고양이〉를 보고

웹툰 작가를 꿈꾸게 된

나린이.

어느 날

모모 작가에게

작업실을 방문하고 싶다는

이메일을 썼다.

 만화책과 웹툰의 서로 다른 매력은 무엇일까요?

"나린이, 안녕? 어서 들어와."

반갑게 나린이를 맞아 준
모모 작가는
먼저 스케치북을 펼쳐 보였다.
거기에는
중학교 때부터 습작한
드로잉이 가득했다.

습작: 시, 소설, 그림 따위의 작법을 익히기 위해 연습 삼아 짓거나 그려 봄.

드로잉: 채색 없이 선으로만 이미지를 그려 내는 기술.

편집: 그림이나 문서 등을 하나의 작품으로 완성하는 일.

"웹툰 작가는
드로잉은 기본이고
스토리 구성 능력,
편집 능력이 있어야 해."

웹툰 작가가 되기 위해서는
자기만의 그림 스타일을 찾아야 한다.
이 스타일은 하루아침에
짠! 하고 만들어지지 않는다.

다른 작가의 웹툰은 물론
유명 화가의 인물화,
국내외 사진작가의 사진 등을
두루 감상하며
다양한 그림 스타일을 연구해야 한다.

웹툰 공모전에 당선되어
작품 활동을 하기까지
모모 작가는
6개월여의 준비 기간이 필요했다.

우선
살구, 보리, 자두를 주인공으로 한
'모모네 집 고양이'를 주제로 잡았다.
각기 다른 세 고양이의
특징을 탐구하며
기본 콘티를 짰다.

콘티: 만화를 그리기에 앞서
전체적인 장면을 미리 그려
놓은 것.

"고양이 웹툰을 그리려면
고양이에 대해 많이 알아야 해.
나는 고양이를 기르는 사람을
여러 명 취재했어.
고양이와의 만남, 헤어짐,
기뻤던 일, 슬펐던 일 등
다양한 에피소드를 모으고 기록했지."

에피소드: 남에게 알려지지
않은 재미있는 이야기.

이렇듯
웹툰 작가는
이야기 채집꾼이 되어야 한다.

채집: 널리 찾아서
모으는 일.

성공한 웹툰 작가들은

그림 스타일 못지않게
웹툰 전체를 이끌어 가는
독특한 스토리에 주목한다.

"웹툰 작가는 훌륭한 연출가여야 해.
한 편의 드라마를 완성하듯
한 편의 웹툰을 완성하는 거야.
그러기 위해선 흥미로운 이야기가 있어야 하지."

모모 작가의 작업실을 나온 나린이는

취재 수첩을 만들기로 결심했다.

궁금한 점이 생기면

바로바로

기록하고 탐구하기로 한 것.

마법사는 언제 등장했을까?

아이스크림을 먹는 표정은 다 같을까?

아이들에게 인기 있는 장난감은 무엇일까?

새들은 무슨 이야기를 할까?

재미있는 질문은
웹툰의 좋은 소재가 될 수 있다.

또한

드로잉 연습을 게을리하지 않고

포토샵과 타블렛을

다루는 법도 배우기로 했다.

 포토샵: 다양한 이미지 편집 기능을
갖고 있는 컴퓨터 프로그램.

자신이 꿈꾸는 길로

한 걸음 더 다가서게 된

나린이.

타블렛: 컴퓨터에 연결하여
글씨를 쓰거나 그림을 그릴 수
있게 해 주는 장치.

꿈을 꾼다는 건
내일을 설계하며
한 그루의 레몬 나무를
심는 일이다.

10년 뒤 레몬 나무는
어떻게 자라 있을까?

나린이의 가슴은 벌써부터
두근두근!

트렌드를 읽는 패션 전문가

🧍 패션 예측가 박영준*

★ 사람들의 옷차림을 꼼꼼히 분석한다

패션에 관심이 많고 패션 감각 또한 뛰어나다면 패션 예측가를
꿈꾸어 볼 수 있다. 하지만 패션 예측가는 옷만 잘 입는다고
되는 것이 아니다. 분석적인 사고로 사람들이 무엇을
입고 싶어 하는지, 요즘의 패션은 어떤 흐름을 갖고 있는지
파악할 수 있어야 한다. 나도 패션 예측가에 도전해 볼까?

'오늘 무슨 옷을 입고 나가지?'

솔지는 일요일 아침, 거울을 보며 이런 고민에 빠졌다.

편안하고 예쁘면서도
처음 만난 사람에게
좋은 인상을 줄 수 있는 옷.

그런 옷을 고르는 일은
의외로 쉽지 않다.

 패션 감각을 키우려면 어떤 노력을 해야 할까요?

솔지가 다른 날보다
공들여 옷을 고른 이유는
오늘 만날 박영준 실장님이
패션 예측가이기 때문이다.

패션에 관심이 많은
솔지는 앞으로
패션 예측가가 되려고 한다.

솔지가 꿈꾸는
패션 예측가는 무슨 일을 하는 사람일까?

앞으로 다가올 패션 트렌드를
예측하는 사람이다.

패션 예측가는
치밀한 사전 조사와
과학적인 분석을 통해
다음 시즌의
트렌드를 읽는다.

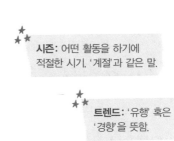

시즌: 어떤 활동을 하기에
적절한 시기. '계절'과 같은 말.

트렌드: '유행' 혹은
'경향'을 뜻함.

솔지가 만난

무드 보드: 디자이너의 느낌을
그림이나 사진으로 표현한 것.

패션 예측가의 무드 보드에는
수많은 패션모델의 사진과
유행하는 옷 사진이 붙어 있었다.

"이번 시즌은 스트라이프가 반응이 좋았어."

스트라이프: 줄무늬.

"다음 시즌에는 어떤 트렌드가 주목받을까?"

"20~30대 여성들은 주로 어디서 쇼핑을 하지?"

"요즘 젊은 세대가 즐겨 찾는 장소는?"

"올봄, 가장 많이 팔린 옷과 구두 디자인은 뭐였지?"

"이 스커트는 어느 지역에서 제일 인기가 높았지?"

패션 예측가는
시즌별 · 세대별 패션 경향,
각 분야의 디자인 성향,
사람들의 사고와 유행하는 문화 등을 분석하여
디자이너들에게
비즈니스에 관해
전문적인 조언을 할 수 있는
실력을 갖추어야 한다.

비즈니스: 사업.

수시로

파리, 밀라노, 런던, 도쿄, 베이징 등

세계 패션의 중심지를 찾아

각 나라 사람들의 패션 동향을

살피는 것도 주요 업무 중 하나이다.

솔지는 박영준 실장님에게
옷을 잘 입었다는 칭찬을 들었다.

자신의 이미지에 맞게
전체적인 조화가 잘 이루어졌다는 것.

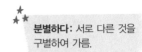

분별하다: 서로 다른 것을
구별하여 가름.

자신에게 어울리는 옷을
분별하는 능력은 물론,
주변 친구들에게 어떤 옷이
어울릴지 알아내는 패션 감각 또한
길러 나가야 한다는 조언도 들었다.

누구든 처음부터
탁월한 패션 감각을 가질 수는 없다.

사람들의 옷차림에 관심을 갖고,
다가오는 계절에는 어떤 패션이 인기 있을지
미리 가늠해 보자.

가늠: 목표나 기준에 맞는지
헤아려 봄.

꾸준히 의복의 역사와 흐름을
공부하는 것도 도움이 된다.

이런 공부가 밑바탕이 되어
미래의 패션 예측가를 만든다.

17 몸과 마음을 치유하는 향기 치료사
🧍 아로마테라피스 권민율*

★ 향기를 모으고 식물을 공부한다

'향'을 뜻하는 아로마와 '치료'를 뜻하는 테라피의 합성어인
아로마테라피. 이 말은 '식물을 이용한 자연 치유 요법'을 말한다.
아로마테라피스트가 되기 위해서는 어떤 준비가 필요할까?

라벤더, 재스민, 장미, 제라늄, 제비꽃…….

날마다 좋은 향기를 맡으며
일하는 직업이 있을까?
자연의 향을 이용해
지친 사람들에게 도움을 준다면
얼마나 좋을까?

아로마테라피스트라면
가능한 일.

 나에게 어울리는 꽃이나 향기는 무엇일까요?

유난히
꽃과 나무를 좋아하던 민율이는
아로마테라피스트가 되는 꿈을
갓 이룬 신참내기 향기 치료사.

어릴 때 심한 아토피를 앓았던
경험이 있어
자신처럼 피부병 때문에
고생하는 사람들을
도와주고 싶은 생각이
아로마테라피스트의 길로 들어선
계기가 되었다.

아로마테라피는
다양한 식물에서 추출한
에센셜 오일을 이용해
몸의 면역력을 키워 주고
마음에도 안정감을 준다.

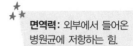

면역력: 외부에서 들어온
병원균에 저항하는 힘.

이 에센셜 오일로
향수, 비누, 화장품, 연고 등
우리가 일상적으로 사용하는
다양한 제품을 만들 수 있다.

요즘 민율이는
훌륭한 아로마테라피스트가 되기 위해
식물 공부를 열심히 한다.

식물이 가지고 있는
갖가지 향기와 약성을
자세히 알기 위해서다.

약성: 약재의 성질.

식물도감을 수시로 찾아보고
틈나는 대로 아로마 매장을 찾아
향기를 맡아 본다.

"이 향은 내 친구 보람이에게 어울리겠어."
"이 향은 너무 강하니까 올리브 오일과 섞는 게 좋겠네."

친구들에게 어울릴 만한
향기를 찾아 메모하고,
지금까지 알려진 향기 제조 방식 말고
새로운 효과를 낳을 수 있는 게 뭘까
끊임없이 탐구한다.

아로마테라피스트는
사람들이 일상생활에서 겪는
불편에 도움이 되는
알맞은 향을 찾아 준다.

비염이 있다면 유칼립투스,
유난히 예민한 사람에게는 베르가못,
불면증에는 라벤더.

이렇듯
하나하나의 향을 구분하고
쓰임새에 맞게 사용한다.

자신이 하고 싶은 일을 찾은 민율이는
코 건강에도 더 신경을 쓴다.

향기를 제대로 선별하려면
무엇보다 후각이
예민해야 하기 때문.

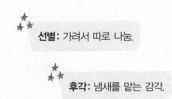

선별: 가려서 따로 나눔.

후각: 냄새를 맡는 감각.

외출하기 전
아로마 펜, 아로마 스톤, 아로마 왁스 등
다양한 향기 제품들을 가방에 챙겨 넣는 민율.
오늘도 어김없이 향과 함께한다.

지식e 궁금해!

미래의 유망 직업에 대해 더 알아볼까요?

＊ 게임 사운드 크리에이터

컴퓨터 게임에 사용되는 배경 음악이나 효과음을 만들어요. 게임의 주제와 캐릭터를 분석해 음악 스타일을 결정한 후 각종 작곡 프로그램 및 악기 등을 사용해 작업해요. 그런 다음 게임 기획자와 의논해 최종적으로 음악을 완성해요.

＊ 내로캐스터

모든 시청자가 아니라 특정 시청자를 대상으로 한 방송을 내로캐스팅이라고 해요. 영화, 요리, 스포츠, 종교 등 한 분야의 프로그램만 볼 수 있는 케이블 방송을 생각하면 된답니다. 이런 방송을 기획하고 제작하는 사람을 내로캐스터라고 해요. 해당 분야에 관한 전문 지식을 바탕으로 타깃 시청자의 성향은 어떤지, 무엇을 원하는지 분석해 프로그램을 만들어요.

＊ 네이미스트

제품에 멋진 이름을 지어 주는 일을 해요. 제품 성격에 맞으면서도 기억하기 쉬운 이름을 주로 만들어야 하지요. 다양한 분야에 대한 풍부한 지식이 필요한 것은 물론이고, 상품의 판매 전략까지도 고려할 수 있어야 한답니다. 대부분 광고 회사나 네이밍 전문 회사에서 일해요.

✻ 문화 여가사

사람들이 여가 생활을 잘 즐길 수 있도록 맞춤형 정보를 제공하고 각종 문화 프로그램을 개발해요. 문화 여가사가 되기 위해서는 문화·예술 분야에 관한 지식이 풍부해야 하고, 도움을 받고자 하는 사람들과 자연스러운 관계를 유지할 수 있는 사회성이 필요해요. 다양한 여가 프로그램을 직접 진행할 수 있는 적극성도 뒷받침되어야 하지요. 지방 자치 단체 및 각종 문화 시설, 사회 복지 단체 등에서 일할 수 있어요.

✻ 문화재 디지털 복원가

홀로그램이나 3D 기술 등을 활용해서 부서지고 깨지거나 지금은 존재하는 않는 문화재를 복원하는 일을 해요. 무엇보다 문화재의 특징을 제대로 파악하고 있어야 하며, 이미 잘 알려진 이론들을 참고해 복원 이미지를 만들어 낸답니다.

✻ 버블리스트

비눗방울을 이용해 재미있는 쇼를 기획하고 공연을 펼쳐요. 아직까지는 특별한 교육 과정이 없어 스스로 기술을 익혀야 하지요. 무대를 이끌어 갈 수 있는 재능과 끼를 필요로 하며, 행사나 공연을 전문으로 하는 회사에 소속되어 일하거나 프리랜서로 활동할 수 있어요.

✻ 불꽃 연출가

불꽃 공연을 기획하고 연출하는 일을 해요. 화약은 다루기 위험하기 때문에 불꽃 연출가는 화약에 대해 잘 알아야 하며, 이 일을 하기 위해서는 화약 관련 자격증을 반드시 갖고 있어야 하지요. 늘 안전에 신경 써야 하지만 즐거운 축제 현장에서 밤하늘을 수놓는 아름다운 불꽃으로 사람들에게 기쁨을 줄 수 있어요.

＊ 예술 제본가

기계가 아닌 손을 이용해 본문 낱장들을 하나로 묶고 표지를 더해 한 권의 책으로 꾸며요. 주로 개인 공방을 운영하며 주문받은 책을 제본하지요. 책에 적합한 종이와 제본 방식을 선택해야 하기 때문에 예술적 감각 외에도 폭넓은 지식이 필요하답니다. 한편 예술 제본가는 보존 가치가 있는 낡은 책을 정성스럽게 손봐서 단단하고 아름답게 만드는 일도 해요.

＊ 옥상 정원 디자이너

공공 건물이나 개인 주택 옥상에 정원을 꾸미는 일을 해요. 자연과 더 가까이 지내고 싶어 하는 도시 사람들이 늘어나면서 옥상 정원의 인기가 높아지고 있답니다. 먼저 옥상 정원의 용도와 목적을 알아본 후 장소의 특성을 고려해 고객이 원하는 옥상을 설계해요. 아직까지는 원예나 조경, 건축 분야에서 일을 하다가 옥상 정원 디자이너가 되는 경우가 많아요. 식물에 관해 많이 알고 있는 것은 기본이고, 식물이 잘 자라는 환경을 만들 수 있는 전문 지식도 갖추어야 하지요. 식물들과 함께 어우러지는 분수나 연못 등 기타 시설물에 대해서도 공부를 많이 해야 해요.

＊ 우주여행 가이드

아직은 누구나 쉽게 우주여행을 떠날 수 없지만, 멀지 않은 미래에는 가능한 일이 될지도 몰라요. 일반 여행 가이드와 달리, 우주여행 가이드는 우주선을 직접 조정할 수 있어야 해요. 여행자가 우주 환경에 적응하도록 돕는 각종 신체 훈련도 시킬 수 있어야 하지요. 또한 여행 프로그램 개발과 안전한 여행을 위해 우주에 관한 전문 지식을 바탕으로 우주 탐사에 나설 수도 있어야 한답니다. 이외에 여행자를 잘 이끌어 갈 수 있는 친화력과 의사소통 능력도 필요해요.

* 인포그래픽 디자이너

인포그래픽이란 각종 통계 자료나 문서 자료를 한눈에 알아볼 수 있도록 시각화한 것을 말해요. 인포그래픽 디자이너는 자료를 꼼꼼히 분석한 후 그림, 다이어그램, 차트 등을 활용해 인포그래픽을 디자인해요. 디자인 능력은 물론 다양한 분야의 지식을 고루 갖고 있어야 하며, 최신 뉴스나 유행 경향도 발 빠르게 파악해야 한답니다.

* 캐스팅 디렉터

영화의 배역에 꼭 맞는 배우를 발굴하고 캐스팅해요. 배우를 선정하려면 감독의 의도를 정확히 파악하고 배역의 성격을 분석할 수 있어야 해요. 캐스팅 과정에서 발생하는 다양한 계약 업무, 배우의 스케줄 관리 등도 모두 캐스팅 디렉터가 담당한답니다. 대학에서 영화, 마케팅 등을 전공하거나 영화 관련 분야에서 일한 경험이 있으면 도움이 돼요.

* 화면 해설 방송 작가

시각 장애인에게 영상물의 움직임을 생생하게 전달하기 위한 대본을 써요. 드라마나 영화 속 등장인물의 표정이나 몸짓, 배경의 변화 등을 이해할 수 있도록 돕는 거지요. 시각 장애인에 대한 이해와 배려심이 무엇보다 중요하며, 실감 나는 글을 쓰기 위해 구체적이고 섬세한 묘사 능력을 갖추어야 한답니다. 아직까지는 대부분 프리랜서로 일하고 있어요.

* 홀로그램 전문가

홀로그램 기술을 연구하며 이를 이용한 전시와 공연을 기획해요. 담당하는 일에 따라 홀로그램 기술 개발 연구원, 홀로그램 기획자, 홀로그램 디자이너로 나뉘지요. 홀로그램 전문가가 되려면 홀로그램 기술에 대한 이해와 문화 콘텐츠 전반에 대한 기획력을 두루 갖추어야 해요.

1. 생명과 환경

생명의 탄생과 흐름, 나와 가족, 공동체에 대한 다양한 주제들을 다루어 세상에 대한 바른 시선과 다양
한 지식을 제공해 준다. '태어날 때 이미 3억의 경쟁자를 이긴 게 바로 나?', '안아 주는 것만으로 생명을
살릴 수 있다?', '베풀고 살면 몸이 건강해진다?', '햄버거 때문에 지구가 위험하다?', '평생 고기를 먹지
않은 사자가 있다?' 등의 재미있는 이야기를 통해 자존감을 높여 주고, 나와 가족과 사회를 생각하게 해
주고, 더불어 살아가는 지혜를 일깨워 준다.
값 12,000원 ISBN 979-11-86082-33-1(64300)

2. 경제의 이해

경제란 무엇인지 알게 해 주고, 어린이들이 올바른 경제관념을 갖도록 해 준다. 단순히 물건을 사고파는
일 외에도, 모든 일상의 활동이 경제와 어떻게 관련돼 있는지 흥미롭게 알려 준다. '2000만 마르크로 살
수 있던 게 고작 빵 한 덩이?', '물가의 마술에 걸려 오르락내리락하는 돈의 가치?', '배도 그물도 없이
고기를 낚는 어부들이 있다?', '새 옷 한 벌 때문에 서재를 통째로 바꾸었다?', '먹을거리 3km 다이어트
로 푸드 마일을 줄인다?' 등의 내용을 재미있게 알아볼 수 있다.
값 12,000원 ISBN 979-11-86082-34-8(64300)

3. 소중한 문화유산

우리 얼이 담긴 문화재, 나라를 위해 삶을 바친 위인들, 되새겨야 할 역사적 사건들을 담아 우리의 문화
유산이 어떻게 지켜졌는지, 어떤 면에서 우수한지 알려 주며 문화적 자긍심을 키워 준다. '전 재산을 걸
어 낡은 것들을 모은 바보가 있다?', '최초의 국어사전을 만들게 한 말모이 작전은 무엇?', '묻고 듣는 것
이 세종대왕의 특별한 능력이라고?', '경부고속도로가 세운 세계적인 기록은?' 등의 해답을 찾아가는 사
이 '왜', '어떻게' 우리 것들이 만들어지고 위기 속에서 이어져 왔는지 알 수 있을 것이다.
값 12,000원 ISBN 979-11-86082-35-5(64300)

4. 함께 사는 사회

전쟁과 자연재해, 기후 변화 등 국제 사회에서 벌어진 다양한 사건들을 다루며, 지구촌의 이웃과 더불어
살기 위해 무엇을 나눠야 할지 고민하게 한다. 또한 나눔을 실천하는 국제기구를 알아가면서 서로 도우
며 살아가는 방법을 배울 수 있다. '가난한 환자를 직접 찾아가는 병원 열차가 있다?', '회색늑대가 사라
진 숲이 왜 황폐해졌을까?', '의학 교육을 무료로 시켜 주는 나라가 있다?', '1069명의 아이를 구한 유모
차 공수 작전이란?', '핵폐기물이 안전해지기까지 10만 년이 걸린다고?' 등의 답을 찾을 수 있다.
값 12,000원 ISBN 979-11-86082-36-2(64300)

5. 꿈과 진로

행복한 인생의 필수 요건인 꿈과 직업에 관한 이야기를 담아 자신의 꿈을 발견하고 이를 직업으로 실현
시키기까지 어떤 과정을 거쳐야 하는지 알려 준다. 힘든 상황에서도 포기하지 않고 자신의 꿈을 현실로
만든 사람들의 이야기를 통해 바람직한 삶의 자세를 배울 수 있다. '거짓투성이 책의 작가가 빅토르 위
고?', '사물의 몸과 마음으로 들어가는 신비한 능력?', '대학 중퇴자가 최고의 CEO가 될 수 있었던 비밀
은?', '600년 전통 명문 학교의 주요 과목이 체육?' 등의 내용을 재미있게 만날 수 있다.
값 12,000원 ISBN 979-11-86082-37-9(64300)

'5분의 메시지'로 생각하는 힘을 기른다!

생각하는 힘을 키워 주는 『어린이 지식ⓔ』는
아이들에게 책 한 권의 지식을 넘어, 지혜를 자라나게 해 줍니다.

어린이 지식ⓔ 시리즈

6. 역사와 인물

문명을 발전시킨 도구와 사회를 바꾼 사건과 인물들을 소개한다. 인류 문명의 발전을 가져온 재미난 이야기와 다양한 정보는 역사에 대한 흥미를 불러일으키고, 우리의 일상을 만들고 변화시켜 온 살아 있는 역사를 만나게 해 준다. '인류의 발전은 두 손에서 시작됐다?', '1582년 로마의 달력에서 열흘이 통째로 사라졌다?', '지구가 돈다는 사실을 증명해 낸 것이 교수의 장난감?', '18세기 사람들은 이슬이 나비가 된다고 믿었다?', '왜 나폴레옹은 자신을 그린 화가를 미워했을까?' 등의 궁금증을 풀 수 있다.
값 12,000원 ISBN 979-11-86082-38-6(64300)

7. 창의적 도전

세상을 새롭게 변화시킨 사람들의 새로운 발상과 상상력을 소개해, 어린이들의 창의적인 사고력을 키워 준다. 생각을 일깨워 주고, 바꿔 주고, 다르게 생각하도록 영감을 주는 이야기는 '사물을 어떻게 바라보고, 어떤 방식으로 생각할 것인가?'라는 것을 깊이 생각하게 한다. '청중들의 소음만으로 이루어진 음악이 있다?', '변기를 전시하면 예술 작품일까? 아닐까?', '꽃과 열매 그림이 멀리서 보면 사람 얼굴이라고?', '피카소가 한국 전쟁의 참상을 그린 이유는?' 등의 이야기를 만날 수 있다.
값 12,000원 ISBN 979-11-86082-39-3(64300)

8. 과학과 기술

과학과 기술이 어떻게 시작되고 발달해 왔는지에 대한 이야기가 실려 있다. 새로운 아이디어로 인류의 삶을 바꿔 놓은 발명 이야기를 통해 과학적인 잠재력을 깨우고, 과학에 대한 지식을 배우게 한다. '달의 뒤편으로 간 남자가 있었다?', '라이트 형제가 발명한 비행기 원리는 자전거에서 얻었다고?', '엘리베이터가 100층을 오르는 데 수만 년이 걸렸다고?', '혈액이 온몸을 한 바퀴 도는 데 1분밖에 안 걸린다고?', '깡패에게 돈을 빼앗긴 곳을 알려 주는 지도가 있다?' 등 흥미로운 정보가 가득하다.
값 12,000원 ISBN 979-11-86082-40-9(64300)

9. 자연과 생태계

생태계의 신비한 이야기를 통해 동식물의 생존 법칙과 인간이 자연과 공존하는 방법을 알려 준다. 깊이 있는 자연 탐구의 기회를 주는 것은 물론 소중한 자연을 지키고 보존해야 함을 깨닫게 한다. '식물도 화가 나면 공격한다고?', '달리기에서 타조가 치타를 앞지를 수 있을까?', '생명이 있는 곳 어디에나 있는 백색 결정체는 무엇일까?', '깊고 어두운 해저 2700m, 생존의 법칙은 무엇일까?', '다람쥐의 볼에 도토리 12알을 넣을 수 있다고?' 등의 의문을 풀 수 있다.
값 12,000원 ISBN 979-11-86082-41-6(64300)

10. 다양한 가치관

어떤 가치관을 가지고 세상을 살아가야 할지 생각해 볼 수 있는 이야기가 담겨 있다. '어떻게 살아야 한다.'라는 정의를 내려 주지는 않지만 올바른 가치관을 세우기 위해 꼭 필요한 분별력을 기를 수 있다. '미국의 시내 한복판에 북한을 소개하는 식당이 있다?', '20점 만점에 10점만 넘으면 원하는 대학에 갈 수 있는 나라는?', '나의 모든 이야기를 잘 들어 주는 컴퓨터가 있다?', '글짓기를 잘하는 사람은 글쓰기를 못한다?' 등의 재미있는 이야기를 만날 수 있다.
값 12,000원 ISBN 979-11-86082-42-3(64300)